동양북스 외국어 베스트 도서

700만 독자의 선택!

새로운 도서,
다양한 자료
동양북스
홈페이지에서
만나보세요!

www.dongyangbooks.com
m.dongyangbooks.com

※ 학습자료 및 MP3 제공 여부는 도서마다 상이하므로 확인 후 이용 바랍니다.

홈페이지 도서 자료실에서 학습자료 및 MP3 무료 다운로드

PC

❶ 홈페이지 접속 후 도서 자료실 클릭
❷ 하단 검색 창에 검색어 입력
❸ MP3, 정답과 해설, 부가자료 등 첨부파일 다운로드
* 원하는 자료가 없는 경우 '요청하기' 클릭!

MOBILE

* 반드시 '인터넷, Safari, Chrome' App을 이용하여 홈페이지에 접속해주세요. (네이버, 다음 App 이용 시 첨부파일의 확장자명이 변경되어 저장되는 오류가 발생할 수 있습니다.)

❶ 홈페이지 접속 후 ☰ 터치

❷ 도서 자료실 터치

❸ 하단 검색창에 검색어 입력
❹ MP3, 정답과 해설, 부가자료 등 첨부파일 다운로드
* 압축 해제 방법은 '다운로드 Tip' 참고

NEW

일본어 기초와 말하기를 한 번에

다이스키 일본어

STEP 1

문선희·나카야마 다쓰나리·정희순·박영숙 지음

동양북스

일본어뱅크

NEW 일본어 기초와 말하기를 한 번에

다이스키
일본어 STEP 1

초판 10쇄 | 2024년 9월 5일

지은이 | 문선희, 나카야마 다쓰나리, 정희순, 박영숙
발행인 | 김태웅
책임 편집 | 길혜진, 이서인
디자인 | 남은혜, 김지혜
마케팅 총괄 | 김철영
온라인 마케팅 | 김은진
제　작 | 현대순

발행처 | (주)동양북스
등　록 | 제 2014-000055호
주　소 | 서울시 마포구 동교로22길 14 (04030)
구입 문의 | 전화 (02)337-1737　팩스 (02)334-6624
내용 문의 | 전화 (02)337-1762　dybooks2@gmail.com

ISBN 979-11-5768-487-8 14730
　　　979-11-5768-486-1 (세트)

머리말

『NEW 다이스키 일본어』를 펴내면서 열정적으로 수업에 임했던 제 모습과 사랑하는 가족, 그리고 열정과 에너지의 원천이 되어 주는 학생들의 얼굴이 머릿속에 스쳐갑니다. 일본어를 가르치면서 느끼는 것은 일본어는 정말 매력 있는 언어라는 사실입니다. 외국어를 공부하는 것에 흥미를 갖고, 효과적인 방법을 통해 배운 내용을 꾸준히 연습한다면 실전에서 바로바로 꺼내 쓸 수 있는 유용한 언어가 될 것입니다.

이 교재는 실제 제가 일본어를 가르치는 현장에서 쌓은 경험을 바탕으로 학생들이 쉽게 이해하는 부분과 어려워하는 부분들을 자세히 분석하고 연구한 내용을 담고 있습니다. 그리고 기존의 '다이스키 시리즈'가 대학과, 학원 등에서 많은 사랑을 받았기에 『NEW 다이스키 일본어』를 통해 배운 내용을 바로 회화에서 활용할 수 있도록 본 교재와 워크북을 통해 말하기 부분을 추가하였습니다.

첫째, '독해·작문' 파트 중 '읽어 봅시다!' 부분은 원칙적으로 띄어쓰기가 없는 일본어 문장을 보고 자연스럽게 읽고 해석할 수 있는 능력을 향상시킬 수 있도록 하였습니다. '써 봅시다!' 부분에서는 수업 중 따라 하고 읽기는 하지만 직접 쓰는 것까지 체크하기에는 시간이 부족했던 점을 고려하여 각 과의 포인트 문장을 쓰고 말할 수 있도록 구성하였습니다.

둘째, '한자 연습' 파트 중 '한자 즐기기' 부분에서는 학생들이 가장 어려워하는 한자를 재미 있게 활용하여 한자에 대한 부담을 줄이고, 기본이 되는 한자에 다른 한자를 붙여 학생들의 한자 지식을 넓힐 수 있도록 하였습니다.

셋째, '회화 플러스' 파트에서는 본문 이외의 응용할 수 있는 회화 표현들을 중심으로 다뤘으며, 주요 회화 내용과 최신 어휘를 추가하여 일본어를 자연스럽게 받아들일 수 있도록 하였습니다.

아무쪼록 이 책을 학습하는 여러분께 좋은 효과와 발전이 있기를 바라고 교재를 위해 많은 도움을 주신 동양북스 관계자분들을 비롯한 많은 분들께 감사 드립니다. 또한 꾸준히 다이스키 일본어 시리즈를 애용해 주시는 많은 분들께 감사의 말을 전하며 마지막으로 일본어를 통해 만나 열정을 갖게 해 준 우리 학생들에게 감사의 마음을 담아 이 교재를 바치고 싶습니다.

저자 일동

차례

01 문자와 발음 上   012

히라가나 청음
회화 플러스 인사말 I

02 문자와 발음 下   022

히라가나 탁음, 히라가나 반탁음, 요음, 촉음, ん발음, 장음, 가타카나 청음
회화 플러스 인사말 II

03 はじめまして。 처음 뵙겠습니다.   040

인사, 자기소개 / ~は ~です / ~は ~では ありません
회화 플러스 교실에서 자주 쓰는 일본어 표현   쉬어가기 일본의 지리와 행정 구역

04 これは 何ですか。 이것은 무엇입니까?   050

これ・それ・あれ・どれ / この・その・あの・どの / の의 쓰임 / ~も
회화 플러스 이름 / 직업   쉬어가기 일본의 연호

05 今 何時ですか。 지금 몇 시입니까?   060

숫자 읽기(1~10), 시간, 분 / ちょうど, 前, 半, 過ぎ / ~から ~まで
회화 플러스 자기소개 / 제3자에 대한 질문   쉬어가기 일본의 국경일

이 책의 구성과 학습법

포인트 스피치

각 과의 주제와 관련된 내용을 스피치 형식으로
표현했습니다. 학습을 시작하기 전에 각 과의 학
습 목표와 포인트 문법을 미리 살펴보고, 학습을
마친 후에는 일본어로 문장을 바꾸어 말해 보며
학습 성취도를 확인할 수 있습니다.

기본 회화

실생활에서 유용하게 쓰이는 문법과 주요 표현들
을 단어 설명과 함께 실었습니다. 내용을 듣고 억
양과 발음에 주의해서 반복 학습하면 좋은 효과
를 얻을 수 있습니다.

문법 포인트

각 과에서 다루는 포인트 문법으로, 문법에 관한
예문들을 다양하게 실었습니다. 우리말 해설이
없으므로 아래의 [낱말과 표현]을 참고하면서
공부하세요.

패턴 연습

문법 포인트에서 다룬 내용을 응용해 보는 페이지
입니다. 다양한 단어와 화제를 바탕으로 문형을
연습하도록 합시다.

독해·작문

원래 일본어는 띄어쓰기가 없습니다. 다른 페이지는 학습 편의상 띄어쓰기가 되어 있지만, '읽어봅시다'에서는 띄어쓰기 없는 문장을 연습하여 실력을 높일 수 있도록 하였습니다. 작문은 각 과를 배우고 난 후 주요 문법을 최종적으로 점검하는 페이지입니다. 우리말을 보고 일본어 문장으로 바꿔 보세요.

한자 연습

한자를 단어 그대로 외우기보다는 한자 하나를 가지고 몇 개의 단어를 만들 수 있다는 것을 보여 주어 응용력을 높여 줍니다. 또, 중요 한자를 직접 써 볼 수 있게 하였습니다.

듣기 연습

너무 복잡하지 않으면서, 본문과 문법 포인트에서 다룬 내용을 중심으로 구성된 듣기 연습 문제입니다.

회화 플러스

본문에서 다룬 회화 표현 이외의 응용 회화로 기초 단계에서 회화의 자신감을 키워 줍니다.

쉬어가기

일본어를 공부하면서 알아 두면 좋을 일본의 정보들을 실었습니다. 한 과의 학습이 끝나고 가볍게 읽어 보면서 일본어와 더불어 일본이라는 나라에 대해서도 더 깊이 알 수 있습니다.

ひらがな

	あ行	か行	さ行	た行	な行
あ段	あ [a] あい	か [ka] かお	さ [sa] あさ	た [ta] たこ	な [na] なし
い段	い [i] いえ	き [ki] かき	し [si] いし	ち [chi] くち	に [ni] あに
う段	う [u] うえ	く [ku] きく	す [su] すし	つ [tsu] つくえ	ぬ [nu] いぬ
え段	え [e] え	け [ke] いけ	せ [se] せき	て [te] ちかてつ	ね [ne] ねこ
お段	お [o] おい	こ [ko] こ	そ [so] うそ	と [to] とし	の [no] きのこ

8

は行	ま行	や行	ら行	わ行	ん行
は [ha]  はな	ま [ma] うま	や [ya] やま	ら [ra] そら	わ [wa] わたし	ん [n] きん
ひ [hi] ひと	み [mi] うみ		り [ri] りす		
ふ [hu] ふね	む [mu] むし	ゆ [yu] ゆき	る [ru] くるま		
へ [he] へそ	め [me] あめ		れ [re] れんこん		
ほ [ho] ほし	も [mo] もち	よ [yo]  よやく	ろ [ro]  いろ	を [o] 〜を	

カタカナ

	ア行	カ行	サ行	タ行	ナ行
ア段	ア [a] アイス	カ [ka] カメラ	サ [sa] サラダ	タ [ta] タオル	ナ [na] バナナ
イ段	イ [i] イヤリング	キ [ki] スキー	シ [si] シーソー	チ [chi] チキン	ニ [ni] テニス
ウ段	ウ [u] ソウル	ク [ku] クリスマス	ス [su] スカート	ツ [tsu] ツアー	ヌ [nu] カヌー
エ段	エ [e] エアコン	ケ [ke] ケーキ	セ [se] セーター	テ [te] テレビ	ネ [ne] ネクタイ
オ段	オ [o] オムレツ	コ [ko] コアラ	ソ [so] ソース	ト [to] トマト	ノ [no] ノート

ハ行	マ行	ヤ行	ラ行	ワ行	ン行
ハ [ha] ハーモニカ	マ [ma] マイク	ヤ [ya] ダイヤモンド	ラ [ra] ラジオ	ワ [wa] ワルツ	ン [n] ペン
ヒ [hi] コーヒー	ミ [mi] ミルク		リ [ri] リボン		
フ [hu] フラフープ	ム [mu] ホームラン	ユ [yu] ユニホーム	ル [ru] ルーム		
ヘ [he] ヘア	メ [me] メロン		レ [re] レモン		
ホ [ho] ホテル	モ [mo] モノレール	ヨ [yo] ヨガ	ロ [ro] ロープ	ヲ [o] 〜ヲ	

01

문자와 발음 上

히라가나란?

히라가나는 일본 헤이안 시대(9세기 경)에 궁정의 귀족 여성들이
한자를 바탕으로 만든 일본 글자입니다. 현대 일본어에서 인쇄,
필기 등 대부분의 경우에 사용되는 기본 문자입니다.

히라가나 청음

 あ行 일본어의 모음. 우리말 '아/이/우/에/오'에 가깝다.

あ	い	う	え	お
[a]	[i]	[u]	[e]	[o]
あい	いえ	うえ	え	おい
[ai]	[ie]	[ue]	[e]	[oi]
사랑	집	위	그림	조카

か行 우리말 'ㄱ'과 'ㅋ'의 중간 발음에 가깝다. 낱말의 중간이나 뒤에 올 때는 약간 세게 발음하는 경향이 있다.

か	き	く	け	こ
[ka]	[ki]	[ku]	[ke]	[ko]
かお	かき	きく	いけ	こ
[kao]	[kaki]	[kiku]	[ike]	[ko]
얼굴	감	국화	연못	아이

さ 行　우리말 'ㅅ'에 가까운 발음. す는 '수'와 '스'의 중간 발음이다.

さ	し	す	せ	そ
[sa]	[si]	[su]	[se]	[so]
あさ	いし	すし	せき	うそ
[asa]	[isi]	[susi]	[seki]	[uso]
아침	돌	초밥	자리	거짓말

た 行　우리말 'ㄷ'과 'ㅌ'의 중간 발음에 가깝다. ち와 つ와 같은 일본어 특유의 발음에 주의할 것.

た	ち	つ	て	と
[ta]	[chi]	[tsu]	[te]	[to]
たこ	くち	つくえ	ちかてつ	とし
[tako]	[kuchi]	[tsukue]	[chikatetsu]	[tosi]
문어	입	책상	지하철	나이

な 行   우리말 'ㄴ'에 가까운 발음.

な	に	ぬ	ね	の
[na]	[ni]	[nu]	[ne]	[no]

なし [nasi] 배	あに [ani] 형, 오빠	いぬ [inu] 개	ねこ [neko] 고양이	きのこ [kinoko] 버섯

は 行   우리말 'ㅎ'에 가까운 발음.

は	ひ	ふ	へ	ほ
[ha]	[hi]	[hu]	[he]	[ho]
はな [hana] 꽃	ひと [hito] 사람	ふね [hune] 배	へそ [heso] 배꼽	ほし [hosi] 별

ま行 우리말 'ㅁ'에 가까운 발음.

ま [ma]	**み** [mi]	**む** [mu]	**め** [me]	**も** [mo]

うま [uma] 말	うみ [umi] 바다	むし [musi] 벌레	あめ [ame] 비	もち [mochi] 떡

や行 일본어의 반모음. 우리말 '야/유/요'에 가깝다.

や [ya]	**ゆ** [yu]	**よ** [yo]
やま [yama] 산	ゆき [yuki] 눈	よやく [yoyaku] 예약

ら 行 우리말 'ㄹ'에 가까운 발음.

ら	り	る	れ	ろ
[ra]	[ri]	[ru]	[re]	[ro]
そら	りす	くるま	れんこん	いろ
[sora]	[risu]	[kuruma]	[reŋkon]	[iro]
하늘	다람쥐	차	연근	색깔

わ 行 **& ん** 우리말 '와'에 가까운 발음. 〜を는 목적격 조사 '〜을(를)'로만 쓰인다.
'お'와 발음이 같다.

わ	を	ん
[wa]	[o]	[n]
	〜を [o] 〜을(를)	
わたし		きん
[watasi]		[kin]
나, 저		금

히라가나 쓰기

あ 行

a	あ あ			
i	い い			
u	う う			
e	え え			
o	お お			

か 行

ka	か か			
ki	き き			
ku	く く			
ke	け け			
ko	こ こ			

さ 行

sa	さ さ			
si	し し			
su	す す			
se	せ せ			
so	そ そ			

た 行

ta	た た			
chi	ち ち			
tsu	つ つ			
te	て て			
to	と と			

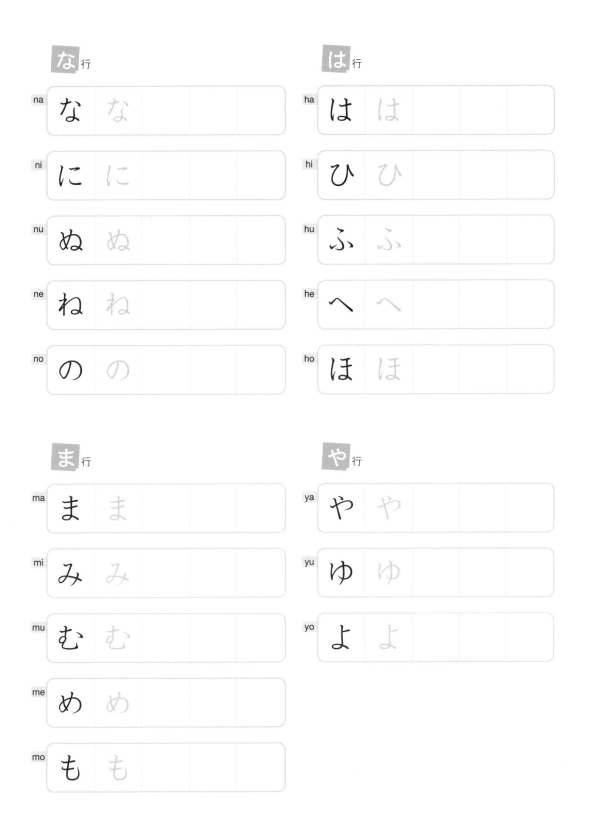

な行

na なな

ni にに

nu ぬぬ

ne ねね

no のの

は行

ha はは

hi ひひ

hu ふふ

he へへ

ho ほほ

ま行

ma まま

mi みみ

mu むむ

me めめ

mo もも

や行

ya やや

yu ゆゆ

yo よよ

히라가나 쓰기

ら 行

ra	ら	ら						
ri	り	り						
ru	る	る						
re	れ	れ						
ro	ろ	ろ						

わ 行 & ん

wa	わ	わ						
wo	を	を						
n	ん	ん						

회화 플러스

인사말 I

 Track 02

おはようございます。
아침 인사

こんにちは。
점심 인사

こんばんは。
저녁 인사

じゃあね。
헤어질 때 인사

ありがとうございます。
/ どういたしまして。
감사합니다. / 천만에요.

おやすみなさい。
안녕히 주무세요.

02

문자와 발음 下

가타카나란?

가타카나는 만들어진 시기가 정확하지 않으나 히라가나와 마찬가지로 헤이안 시대(9세기 경)라고 추정되고 있습니다. 가타카나는 주로 외래어나 의성어, 의태어, 전보문 또는 강조하는 경우에 사용됩니다.

히라가나 탁음

「か/さ/た/は」행 글자 오른쪽 상단에 탁점 [゛] 표기.

 Track 03

が行 우리말 'ㄱ'에 가까운 발음.

が	ぎ	ぐ	げ	ご
[ga]	[gi]	[gu]	[ge]	[go]
かがみ	かぎ	かぐ	げた	まご
[kagami]	[kagi]	[kagu]	[geta]	[mago]
거울	열쇠	가구	나막신	손자

ざ行 우리말 'ㅈ'에 가까운 발음.

ざ	じ	ず	ぜ	ぞ
[za]	[zi]	[zu]	[ze]	[zo]
ひざ	ひじ	ちず	かぜ	かぞく
[hiza]	[hizi]	[chizu]	[kaze]	[kazoku]
무릎	팔꿈치	지도	바람	가족

우리말 'ㄷ'에 가까운 발음. ち와 つ는 탁점이 붙어서 [zi], [zu]가 된다.

だ [da]	ぢ [zi]	づ [zu]	で [de]	ど [do]
だいこん [daikon] 무	はなぢ [hanazi] 코피	こづつみ [kozutsumi] 소포	そで [sode] 소매	まど [mado] 창문

ば行 우리말 'ㅂ'에 가까운 발음.

ば [ba]	び [bi]	ぶ [bu]	べ [be]	ぼ [bo]
ばら [bara] 장미	くび [kubi] 목	ぶた [buta] 돼지	べんとう [bento:] 도시락	つぼ [tsubo] 항아리

히라가나 반탁음

 半濁音

は행에 상단에 반탁음 부호 [゚] 표기.

Track 04

ぱ行   우리말 'ㅍ'에 가까운 발음.

ぱ	ぴ	ぶ	ぺ	ぽ
[pa]	[pi]	[pu]	[pe]	[po]
はっぱ [happa] 잎	ぴかぴか [pikapika] 반짝반짝	せんぷうき [sempuːki] 선풍기	ほっぺた [hoppeta] 뺨	ちゃんぽん [champon] 짬뽕

※ はっぱ와 ほっぺた의 っ는 'ㅍ' 받침으로 발음하고, ちゃんぽん의 ゃ는 'ㅑ'로 발음한다.
　(뒤의 요음, 촉음 참조)

요음

 Track 05

▶ 요음은 い段(き·ぎ·し·じ·ち·に·ひ·び·ぴ·み·り) 뒤에 작게 ゃ·ゅ·ょ를 표기 하여 한 음절로 발음하는 것을 말한다. 우리말의 'ㅑ, ㅠ, ㅛ'에 해당한다.

- おきゃく [okyaku] 손님
- きょり [kyori] 거리

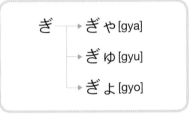

- ぎゅうにゅう [gyu:nyu:] 우유
- ぎょうざ [gyo:za] 만두 (중국식)

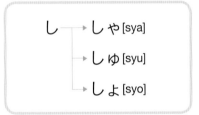

- かいしゃ [kaisya] 회사
- しょくじ [syokuzi] 식사

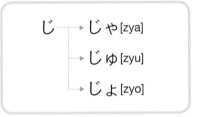

- かのじょ [kanozyo] 그녀, 여자 친구
- じゃり [zyari] 자갈

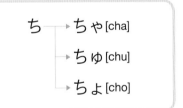

- おちゃ [ocha] 차(茶)
- ちょきん [chokin] 저금

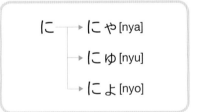

- こんにゃく [konnyaku] 곤약
- にゅうがく [nyu:gaku] 입학

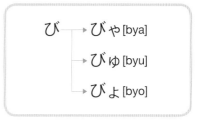

- ひゃく [hyaku] 100
- ひょうしき [hyo:siki] 표지(판)

- びゅうびゅう [byu:byu:] 윙윙 (바람 소리)
- びょういん [byo:in] 병원

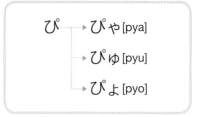

- みゃく [myaku] 맥
- びみょう [bimyo:] 미묘

- ろっぴゃく [roppyaku] 600
- ぴょんぴょん [pyonpyon] 깡충깡충

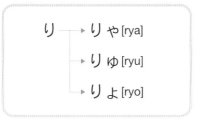

- りゃくじ [ryakuzi] 약자
- りゅうがく [ryu:gaku] 유학
- りょこう [ryokou] 여행

발음 비교 연습

- きやく 기약 ←→ きゃく 손님
- じゆう 자유 ←→ じゅう 10
- ろっぱく (별 이름) 육백 ←→ ろっぴゃく 600
- びよういん 미용실 ←→ びょういん 병원

촉음

 Track 06

▶ 청음 つ를 작게 써서 표기. → っ
뒷 발음의 자음이 앞 발음의 받침이 되고, 뒤에 오는 발음은 약간 세진다. 악센트는 앞에 온다.

❶ 'ㄱ' 받침 : か행 앞에서

いっき [ikki] 단숨에 마심, 원샷
こっか [kokka] 국가

❷ 'ㅅ' 받침 : さ행 앞에서

ざっし [zassi] 잡지
いっさい [issai] 한 살

❸ 'ㅌ' 받침 : た행 앞에서

いったい [ittai] 도대체
きって [kitte] 우표

❹ 'ㅍ' 받침 : ぱ행 앞에서

きっぷ [kippu] 표
いっぱい [ippai] 한잔

ん발음

▶ 우리말의 'ㄴ/ㅁ/ㅇ' 받침과 같은 역할을 한다. 단, 뒤에 오는 음에 따라 발음이 조금씩 달라진다.

❶ [m] 발음 : ん 뒤에 ま/ば/ぱ행이 올 때 → ㅁ

さんぽ [sampo] 산책

しんぴ [simpi] 신비

あんま [amma] 안마

うんめい [ummei] 운명

❷ [n] 발음 : ん 뒤에 さ/ざ/た/だ/な/ら행이 올 때 → ㄴ

あんない [annai] 안내

はんたい [hantai] 반대

けんり [kenri] 권리

おんち [onchi] 음치

❸ [ŋ] 발음 : ん 뒤에 か/が행이 올 때 → ㅇ

かんこく [kaŋkoku] 한국

りんご [riŋgo] 사과

おんがく [oŋgaku] 음악

げんき [geŋki] 건강함

❹ [N] 발음 : ん 뒤에 あ/は/や/わ행이 올 때나 문장 맨 끝에 올 때

→ n + ŋ의 중간 발음

ほん [hoN] 책

にほん [nihoN] 일본

でんわ [deNwa] 전화

장음

 Track 08

▶ 같은 모음을 두 박으로 길게 늘여 발음한다. 가타카나 장음은 ―으로 표기.

❶ a단 + a → [aː]

おばあさん [obaːsan] 할머니　　　おかあさん [okaːsan] 어머니

❷ i단 + i → [iː]

おじいさん [oziːsan] 할아버지　　おにいさん [oniːsan] 형, 오빠

❸ u단 + u → [uː]

ゆうき [yuːki] 용기　　　　　　くうき [kuːki] 공기

❹ e단 + e → [eː]

　 e단 + i → [eː]

おねえさん [oneːsan] 언니, 누나　せんせい [senseː] 선생님
えいが [eːga] 영화

❺ o단 + o → [oː]

　 o단 + u → [oː]

おおい [oːi] 많다　　　　　　　とおい [toːi] 멀다
おとうさん [otoːsan] 아버지　　おはよう [ohayoː] 안녕(아침 인사)

발음 비교 연습

- おばさん 아주머니(고모, 이모) ⟷ おばあさん 할머니
- おじさん 아저씨(삼촌) ⟷ おじいさん 할아버지
- ゆき 눈(雪) ⟷ ゆうき 용기
- めし 밥 ⟷ めいし 명함
- おい 조카 ⟷ おおい 많다

가타카나 청음

 Track 09

ア 行

ア	イ	ウ	エ	オ
[a]	[i]	[u]	[e]	[o]

アイス	イヤリング	ソウル	エアコン	オムレツ
[aisu]	[iyariŋgu]	[souru]	[eakon]	[omuretsu]
아이스	귀고리	서울	에어컨	오믈렛

カ 行

カ	キ	ク	ケ	コ
[ka]	[ki]	[ku]	[ke]	[ko]

カメラ	スキー	クリスマス	ケーキ	コアラ
[kamera]	[suki:]	[kurisumasu]	[ke:ki]	[koara]
카메라	스키	크리스마스	케이크	코알라

サ行

サ [sa]	シ [si]	ス [su]	セ [se]	ソ [so]

サラダ [sarada] 샐러드	シーソー [si:so:] 시소	スカート [suka:to] 스커트	セーター [se:ta:] 스웨터	ソース [so:su] 소스

タ行

タ [ta]	チ [chi]	ツ [tsu]	テ [te]	ト [to]
タオル [taoru] 타월	チキン [chikin] 치킨	ツアー [tsua:] 투어	テレビ [terebi] 텔레비전	トマト [tomato] 토마토

ナ	ニ	ヌ	ネ	ノ
[na]	[ni]	[nu]	[ne]	[no]
バナナ	テニス	カヌー	ネクタイ	ノート
[banana]	[tenisu]	[kanu:]	[nektai]	[no:to]
바나나	테니스	카누	넥타이	노트

※ ネクタイ는 발음 편의상 '네쿠타이'로 읽기보다는 '넥–타이'로 발음한다.

ハ 行

ハ	ヒ	フ	ヘ	ホ
[ha]	[hi]	[hu]	[he]	[ho]
ハーモニカ	コーヒー	フラフープ	ヘア	ホテル
[ha:monika]	[ko:hi:]	[hurahu:pu]	[hea]	[hoteru]
하모니카	커피	훌라후프	헤어	호텔

マ [ma]	ミ [mi]	ム [mu]	メ [me]	モ [mo]
マイク [maiku] 마이크	ミルク [miruku] 밀크	ホームラン [ho:muran] 홈런	メロン [meron] 멜론	モノレール [monore:ru] 모노레일

ヤ行

ヤ [ya]	ユ [yu]	ヨ [yo]
ダイヤモンド [daiyamondo] 다이아몬드	ユニホーム [yuniho:mu] 유니폼	ヨガ [yoga] 요가

ラ 行

ラ	リ	ル	レ	ロ
[ra]	[ri]	[ru]	[re]	[ro]
ラジオ	リボン	ルーム	レモン	ロープ
[razio]	[ribon]	[ru:mu]	[remon]	[ro:pu]
라디오	리본	룸	레몬	로프

ワ 行 & ン

ワ	ヲ	ン
[wa]	[o]	[n]
	～ヲ	
	[o]	
	～을(를)	
ワルツ		ペン
[warutsu]		[pen]
왈츠		펜

가타카나 쓰기

ア行

a	ア	ア			
i	イ	イ			
u	ウ	ウ			
e	エ	エ			
o	オ	オ			

カ行

ka	カ	カ			
ki	キ	キ			
ku	ク	ク			
ke	ケ	ケ			
ko	コ	コ			

サ行

sa	サ	サ			
si	シ	シ			
su	ス	ス			
se	セ	セ			
so	ソ	ソ			

タ行

ta	タ	タ			
chi	チ	チ			
tsu	ツ	ツ			
te	テ	テ			
to	ト	ト			

ナ行

na	ナ	ナ			
ni	ニ	ニ			
nu	ヌ	ヌ			
ne	ネ	ネ			
no	ノ	ノ			

ハ行

ha	ハ	ハ			
hi	ヒ	ヒ			
hu	フ	フ			
he	ヘ	ヘ			
ho	ホ	ホ			

マ行

ma	マ	マ			
mi	ミ	ミ			
mu	ム	ム			
me	メ	メ			
mo	モ	モ			

ヤ行

ya	ヤ	ヤ			
yu	ユ	ユ			
yo	ヨ	ヨ			

가타카나 쓰기

 行

| ra | ラ | ラ | | | | | | |

| ri | リ | リ | | | | | | |

| ru | ル | ル | | | | | | |

| re | レ | レ | | | | | | |

| ro | ロ | ロ | | | | | | |

 行 & ン

| wa | ワ | ワ | | | | | | |

| wo | ヲ | ヲ | | | | | | |

| n | ン | ン | | | | | | |

Track 10

인사말 Ⅱ

いただきます。
잘 먹겠습니다.

ごちそうさまでした。
잘 먹었습니다.

すみません。
실례합니다.

すみません。
죄송합니다.

行ってきます。
/ 行っていらっしゃい。
다녀오겠습니다. / 다녀오세요.

ただいま。 / おかえり(なさい)。
다녀왔습니다. /
잘 다녀왔니(잘 다녀오셨어요)?

03 はじめまして。

처음 뵙겠습니다.

포인트 스피치 Track 11

" 처음 뵙겠습니다. 저는 기무라입니다.

저는 일본인이고 회사원입니다. 잘 부탁합니다.

이쪽은 다나카 씨입니다.

다나카 씨는 학생이 아닙니다. 의사입니다.

はじめまして。わたしは 木村です。
              (き むら)

わたしは 日本人で、会社員です。どうぞ よろしく おねがいします。
       (に ほんじん) (かいしゃいん)

こちらは 田中さんです。
        (た なか)

田中さんは 学生では ありません。医者です。"
         (がくせい)   (い しゃ)

Track 12

木村（きむら）　はじめまして。わたしは 木村（きむら）と 申（もう）します。

キム　　　はじめまして。わたしは キム・スアです。

　　　　　どうぞ よろしく おねがいします。

木村　　　こちらこそ どうぞ よろしく。

キム　　　木村さんは 学生（がくせい）ですか。

木村　　　いいえ、わたしは 学生では ありません。会社員（かいしゃいん）です。

はじめまして 처음 뵙겠습니다 | わたし 저, 나 | 木村きむら 기무라 (성씨) |

～と 申もうします ～라고 합니다 | どうぞ よろしく おねがいします 잘 부탁합니다 |

こちらこそ 저야말로 | ～さん ～씨 | 学生がくせい 학생 | いいえ 아니요 | 会社員かいしゃいん 회사원

문법 포인트

1 인칭대명사

1인칭	わたし(私) 나, 저 / わたくし 저
2인칭	あなた 당신 / きみ(君) 너, 자네
3인칭	かれ 그, 그 남자 / かのじょ 그녀, 그 여자
부정칭	だれ 누구

2 〜は 〜です   〜은(는) 〜입니다

わたしは 会社員です。

山田さんは 医者です。

キムさんは 韓国人です。

3 〜は 〜ですか   〜은(는) 〜입니까?

キムさんは 学生ですか。

先生は 日本人ですか。

あなたは 中国人ですか。

4 ~さん ~씨

キムさんは 銀行員^{ぎんこういん}です。

木村^{きむら}さんは 主婦^{しゅふ}です。

5 はい / いいえ 네 / 아니요

あなたは 学生^{がくせい}ですか。

→ はい、わたしは 学生です。

→ いいえ、わたしは 学生では ありません。医者^{いしゃ}です。

6 ~では ありません (=じゃ ありません) ~이(가) 아닙니다

先生^{せんせい}は 日本人^{にほんじん}では ありません。

わたしは 軍人^{ぐんじん}では ありません。

Tip 「~では」는 줄여서 「じゃ」라고도 말합니다.

会社員かいしゃいん 회사원 | **医者**いしゃ 의사 | **韓国人**かんこくじん 한국인 | **学生**がくせい 학생 |

先生せんせい 선생님 | **日本人**にほんじん 일본인 | **中国人**ちゅうごくじん 중국인 |

銀行員ぎんこういん 은행원 | **主婦**しゅふ 주부 | **軍人**ぐんじん 군인

패턴 연습

1. <u>보기</u>

わたしは ⓐ<ruby>山田<rt>やまだ</rt></ruby>です。ⓑ<ruby>日本人<rt>にほんじん</rt></ruby>です。どうぞ よろしく おねがいします。

1) ⓐ キム　　ⓑ <ruby>韓国人<rt>かんこくじん</rt></ruby>　　2) ⓐ ワン　　ⓑ <ruby>中国人<rt>ちゅうごくじん</rt></ruby>

3) ⓐ ポール　ⓑ イギリス<ruby>人<rt>じん</rt></ruby>　　4) ⓐ クリス　　ⓑ ドイツ<ruby>人<rt>じん</rt></ruby>

2. <u>보기</u>

<ruby>大学生<rt>だいがくせい</rt></ruby>

A あなたは <u>大学生</u>ですか。

B <u>はい、わたしは 大学生です。</u>

<u>いいえ、わたしは 大学生では ありません。</u>

1) 韓国人

A あなたは ＿＿＿＿＿＿＿＿＿ですか。

B ＿＿＿＿＿＿＿＿＿＿＿＿＿＿＿＿＿。

＿＿＿＿＿＿＿＿＿＿＿＿＿＿＿＿＿。

2) 中国人

A あなたは ＿＿＿＿＿＿＿＿＿ですか。

B ＿＿＿＿＿＿＿＿＿＿＿＿＿＿＿＿＿。

＿＿＿＿＿＿＿＿＿＿＿＿＿＿＿＿＿。

3) <ruby>軍人<rt>ぐんじん</rt></ruby>

A あなたは ＿＿＿＿＿＿＿＿＿ですか。

B ＿＿＿＿＿＿＿＿＿＿＿＿＿＿＿＿＿。

＿＿＿＿＿＿＿＿＿＿＿＿＿＿＿＿＿。

山田やまだ 야마다 (성씨) | **ワン** 왕 (중국의 성씨) | **ポール** 폴 (사람 이름) | **イギリス人**じん 영국인 |

クリス 크리스 (사람 이름) | **ドイツ人**じん 독일인 | **大学生**だいがくせい 대학생

독해·작문

 읽어 봅시다!

 Track 13

はじめまして。私_{わたし}はキム・スアと申_{もう}します。

私は韓国人_{かんこくじん}で、大学生_{だいがくせい}です。

こちらは田中_{たなか}さんです。田中さんは日本人_{にほんじん}です。

田中さんは大学生ではありません。会社員_{かいしゃいん}です。

こちらはワンさんです。ワンさんは中国人_{ちゅうごくじん}で、軍人_{ぐんじん}です。

~と 申_{もう}します ~라고 합니다 | [명사] + で ~이고 | こちら 이쪽, 이분 | 田中たなか 다나카 (성씨) |

日本人にほんじん 일본인 | ~では ありません ~이(가) 아닙니다 | 会社員かいしゃいん 회사원 |

軍人ぐんじん 군인

 일본어로 써 봅시다!

1. 처음 뵙겠습니다. 저는 기무라입니다.

_____

2. 잘 부탁합니다.

_____

3. 아니요, 저는 의사가 아닙니다. 학생입니다.

_____

정답 1. はじめまして。私(わたし)は 木村(きむら)です。
2. どうぞ よろしく お願(ねが)いします。
3. いいえ、私は 医者(いしゃ)では ありません。学生(がくせい)です。

한자 연습

🏷️ 한자 즐기기

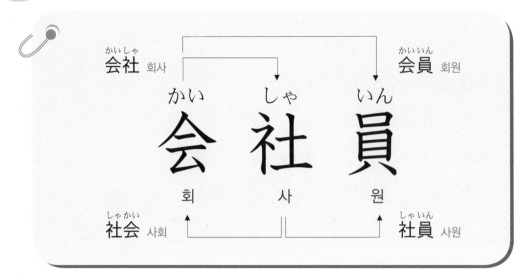

かいしゃ
会社 회사

かいいん
会員 회원

かい　　しゃ　　いん

会 社 員

회　　　사　　　원

しゃかい
社会 사회

しゃいん
社員 사원

✏️ 써 봅시다!

がく せい 学生 학생	学生		
せん せい 先生 선생(님)	先生		
い しゃ 医者 의사	医者		
かん こく じん 韓国人 한국인	韓国人		
に ほん じん 日本人 일본인	日本人		
ちゅう ごく じん 中国人 중국인	中国人		

듣기 연습

A. 내용을 잘 듣고 칸을 채워보세요.

 Track 14

軍人
(ぐんじん)

会社員
(かいしゃいん)

日本人
(に ほんじん)

先生
(せんせい)

1) はじめまして。わたしは キムです。

　　わたしは 　　　　　　　　で、　　　　　　　　です。

　　どうぞ よろしく おねがいします。

2) 山田(やまだ)さんは 　　　　　　　ですか。

　　いいえ、わたしは 　　　　　　　では ありません。　　　　　　　です。

3) あなたは 　　　　　　　ですか。

　　はい、わたしは 　　　　　　　です。

4) こちらは イさんです。

　　イさんは 　　　　　　　では ありません。　　　　　　　です。

B. 내용을 듣고 그림과 일치하면 ○, 일치하지 않으면 ✕를 넣으세요.

 Track 15

1)　　　　　　　　2)　　　　　　　　3)　　　　　　　　4)

韓国人
(かんこくじん)

中国人
(ちゅうごくじん)

イギリス人
(じん)

フランス人
(じん)

(　　　　)　　　(　　　　)　　　(　　　　)　　　(　　　　)

Track 16

교실에서 자주 쓰는 일본어 표현

先生
선생님

おつかれさまでした。 수고하셨습니다.

また あした。 내일 만나요.

よんで ください。 읽어 주세요.

よく きいて ください。 잘 들어 주세요.

たって ください。 서 주세요.

すわって ください。 앉아 주세요.

はなして ください。 이야기해 주세요.

こたえて ください。 대답해 주세요.

ありがとうございました。
고맙습니다. / 고마웠습니다.

はい、わかります。 네, 알겠습니다.

いいえ、わかりません。 아니요, 모르겠습니다.

おしえて ください。 가르쳐 주세요.

もう いちど いって ください。
다시 한번 말해 주세요.

しつもんが あります。 질문이 있습니다.

～は にほんごで なんですか。
～은(는) 일본어로 무엇입니까?

学生
학생

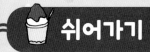

● 일본의 지리와 행정 구역

　일본의 면적은 37만 7,972㎢로 남한 면적의 3.7배, 한반도 면적의 1.7배입니다. 인구는 약 1억 2천 5백만 명이며, 4개의 큰 섬과 6,852개의 작은 섬으로 이루어져 있습니다. 4개의 큰 섬은 홋카이도(北海道), 혼슈(本州), 시코쿠(四国), 규슈(九州)이며, 이 4개의 섬은 47개의 행정 구역으로 나누어져 있습니다. 보통 1도(都), 1도(道), 2부(府), 43현(県)이라고 하는데, 이는 도쿄도(東京都), 홋카이도(北海道), 교토부(京都府)와 오사카부(大阪府) 그리고 나머지 43개의 현을 지칭합니다. 이 중 가장 많은 인구가 도쿄도에 살고 있으며, 수도권인 가나가와현(神奈川県)이 2위, 오사카부가 그 다음으로 인구가 가장 많습니다.

　4개의 섬으로 이루어져 있다 보니 각 섬마다 다양한 모습을 지니고 있습니다. 이제 일본어를 배우기 시작한 여러분은 어느 지역에 가장 가 보고 싶나요? 앞으로 일본어를 차근차근 배워 나가면서 여행하고 싶은 곳도 생각해 보세요. 일본어에 자신감을 가지고 일본의 다양한 매력을 느껴 보길 바랍니다.

04 これは 何^{なん}ですか。

이것은 무엇입니까?

> 이것은 디지털카메라입니다. 이것은 제 것입니다.
>
> 이것은 일본 물건이고, 저것도 일본 것입니다.
>
> 그것은 일본 것이 아닙니다. 한국 것입니다.

これは デジカメです。 これは 私^{わたし}のです。

これは 日本^{にほん}の もので、 あれも 日本のです。

それは 日本のでは ありません。 韓国^{かんこく}のです。 "

기본 회화

木村 きむら	キムさん、これは 何^{なん}ですか。
キム	それは デジカメです。
木村	これは 誰^{だれ}の デジカメですか。
キム	それは イさんのです。
木村	あれも イさんのですか。
キム	いいえ、あれは イさんのでは ありません。私^{わたし}のです。
木村	ところで、あの 人^{ひと}は 誰ですか。
キム	あの 人は パクさんです。パクさんは 私の 友達^{ともだち}です。

これ・それ・あれ・どれ 이것·그것·저것·어느 것 | 何なんですか 무엇입니까? |

デジカメ 디카, 디지털카메라 (デジタルカメラ(digital camera)의 약자) | 誰だれ 누구 | 〜の 〜의, 〜의 것 |

〜も 〜도 | ところで 그런데 (화제 전환) | あの 저 | 人ひと 사람 | 友達ともだち 친구

1 지시대명사

	근칭	중칭	원칭	부정칭
사물	これ 이것	それ 그것	あれ 저것	どれ 어느 것
연체사	この 이	その 그	あの 저	どの 어느

2 これは 何ですか 이것은 무엇입니까?

これは 何ですか。　　→　それは 新聞です。

あれは 何ですか。　　→　あれは 辞書です。

3 명사 ＋ の ＋ 명사 ~의~

山田さんは 日本語の 先生です。

これは 韓国語の 本です。

それは 私の 眼鏡です。

> **Tip**
> 문장에 따라 「の」를 '~의'로 해석하기도 하고,
> 해석을 하지 않을 때도 있습니다.
> 예 日本語の 先生 일본어 선생
> 예 私の 眼鏡 나의 안경

4 〜の ~(의) 것

この 傘は 誰のですか。

→ 私のです。

あの 靴は あなたのですか。

→ いいえ、私のでは ありません。

5 〜も ~도

私も 会社員です。

山田さんも 学生ですか。

あの 時計も キムさんのですか。

新聞しんぶん 신문 | 辞書じしょ 사전 | 日本語にほんご 일본어 | 先生せんせい 선생, 선생님 |

韓国語かんこくご 한국어 | 本ほん 책 | 眼鏡めがね 안경 | 傘かさ 우산 | 誰だれ 누구 | 靴くつ 신발, 구두 |

会社員かいしゃいん 회사원 | 学生がくせい 학생 | 時計とけい 시계

패턴 연습

1. 보기

パクさん・これ

A パクさんのは どれですか。

B パクさんのは これです。

1) 先生^{せんせい}・それ

先生・それ

A ＿＿＿＿＿＿＿＿のは どれですか。

B ＿＿＿＿＿＿＿＿＿＿＿＿＿。

2) イさん・あれ

A ＿＿＿＿＿＿＿＿のは どれですか。

B ＿＿＿＿＿＿＿＿＿＿＿＿＿。

3) 青木^{あおき}さん・これ

青木さん・これ

A ＿＿＿＿＿＿＿＿のは どれですか。

B ＿＿＿＿＿＿＿＿＿＿＿＿＿。

2. 보기

A これは 何^{なん}ですか。 「 5 」　　B それは 電話^{でんわ}です。

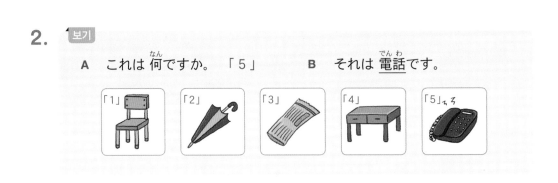

「1」 「2」 「3」 「4」 「5」

1) それは 何ですか。 「 4 」 　➡　 これは ＿＿＿＿＿＿ です。

2) これは 何ですか。 「 2 」 　➡　 それは ＿＿＿＿＿＿ です。

3) あれは 何ですか。 「 1 」 　➡　 あれは ＿＿＿＿＿＿ です。

4) それは 何ですか。 「 3 」 　➡　 これは ＿＿＿＿＿＿ です。

椅子^{いす} 의자 | 傘^{かさ} 우산 | 新聞^{しんぶん} 신문 | 机^{つくえ} 책상 | 電話^{でんわ} 전화

읽어 봅시다!

 Track 19

キムさんと田中さんは日本語の先生です。

二人は友達です。

この日本語の本はキムさんので、

あの日本語の辞書は田中さんのです。

あの雑誌も田中さんのです。

~と ~와(과) | 日本語にほんごの 先生せんせい 일본어 선생(님) | 二人ふたり 두 명, 두 사람 |

友達ともだち 친구 | この 이 | ~の ~의 것 | ~で ~이고 | あの 저 | 辞書じしょ 사전 |

雑誌ざっし 잡지 | ~も ~도, ~역시

✏️ 일본어로 써 봅시다!

1. 이것은 무엇입니까?

_____

2. 그것은 제 것이 아닙니다. 선생님 것입니다.

_____

3. 저것은 누구의 우산입니까?

_____

3. あれは だれの 傘(かさ)ですか。
2. それは 私(わたし)のでは ありません。先生(せんせい)のです。
정답 1. これは 何(なん)ですか。

한자 연습

한자 즐기기

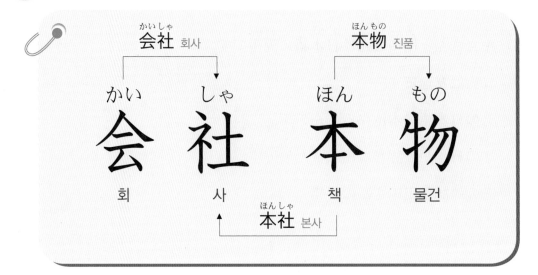

써 봅시다!

しん ぶん 新 聞 신문	新聞		
と けい 時 計 시계	時計		
じ しょ 辞 書 사전	辞書		
ざっ し 雑 誌 잡지	雑誌		
かん こく ご 韓 国 語 한국어	韓国語		
とも だち 友 達 친구	友達		

듣기 연습

A. 두 사람의 대화를 듣고 누구의 것인지 답을 써보세요.

 Track 20

1)

 です。

2)

です。

3)

です。

4)

です。

B. 내용을 듣고 그림과 일치하면 ○, 일치하지 않으면 ×를 넣으세요.

 Track 21

1)

2)

3)

4)

(   )   (   )   (   )   (   )

회화 플러스

 Track 22

1. 이름

→ お名前は 何ですか。

이름이(은) 무엇입니까?

예 お名前は 何ですか。 이름이(은) 무엇입니까?

→ ① 木村と 申します。 기무라라고 합니다.

② 木村です。 기무라입니다.

2. 직업

→ お仕事は 何ですか。

직업이(은) 무엇입니까?

예 お仕事は 何ですか。 직업이(은) 무엇입니까?

→ 会社員です。 회사원입니다.

| 아래 낱말을 써서 밑줄 친 부분과 바꿔서 말해보세요. |

学生がくせい 학생 | 教師きょうし 교사 | 銀行員ぎんこういん 은행원 | 主婦しゅふ 주부 | 医者いしゃ 의사 |

歌手かしゅ 가수 | 軍人ぐんじん 군인 | デザイナー 디자이너(designer) | モデル 모델(model)

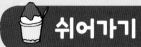

● 일본의 연호(年号)

　일본에서는 일반적으로 서기보다는 연호를 사용합니다. 최근에는 서기를 사용하는 경향도 있지만, 아직까지 은행이나 공공기관 등에서는 연호를 사용하기 때문에 일본어를 공부하는 학생이라면 연호에 대한 이해가 필요합니다.

　일본에 '一世一元(いっせいいちげん)'이라는 제도가 있는데, 이는 '천황 한 명에 하나의 연호'라는 뜻으로, 천황이 바뀌면 연호도 바뀐다는 의미입니다.

시대	연호	원년
메이지(明治) 시대	明治(めいじ)	1868년 (9월 8일)
다이쇼(大正) 시대	大正(たいしょう)	1912년 (7월 30일)
쇼와(昭和) 시대	昭和(しょうわ)	1926년 (12월 25일)
헤이세이(平成) 시대	平成(へいせい)	1989년 (1월 8일)
레이와(令和) 시대	令和(れいわ)	2019년 (5월 1일)

〈연호 계산법〉

* 쇼와(昭和(しょうわ)) 계산법

　서기 − 1925 = 쇼와 연도

　예　서기 1970년은 쇼와 몇 년일까요?

　　　1970 − 1925 = 45 ⋯➡ 서기 1970년은 쇼와 45년입니다.

　※ 쇼와 연도에 1925를 더하면 서기를 알 수 있습니다.

* 헤이세이(平成(へいせい)) 계산법

　서기 − 1988 = 헤이세이 연도

　예　서기 2001년은 헤이세이 몇 년일까요?

　　　2001 − 1988 = 13 ⋯➡ 서기 2001년은 헤이세이 13년입니다.

　※ 헤이세이 연도에 1988을 더하면 서기를 알 수 있습니다.

05 今 何時ですか。

(いま なんじ)

지금 몇 시입니까?

포인트 스피치 Track 23

" 야마다 씨는 회사원입니다.

야마다 씨의 회사는 오전 9시부터 오후 6시까지입니다.

나는 은행원입니다.

일본 은행은 오전 9시부터 오후 3시까지이고,

점심 시간은 12시부터 1시까지입니다.

…………………………………………………………………………

山田さんは 会社員です。
(やまだ) (かいしゃいん)

山田さんの 会社は 午前 9時から 午後 6時までです。
(かいしゃ) (ごぜん) (くじ) (ごご) (ろく)

私は 銀行員です。
(わたし) (ぎんこういん)

日本の 銀行は 午前 9時から 午後 3時までで、
(にほん) (ぎんこう) (さん)

昼休みは 12時から 1時までです。 "
(ひるやすみ) (じゅうに) (いち)

3 시간 표현 Ⅱ

ちょうど 정각	前_{まえ} ~전
半_{はん} 반	過_すぎ ~지남

4 ～ね ～이군, ~로군, ~네, ~지

お久_{ひさ}しぶりですね。

あれは キムさんのですね。

明日_{あした}は テストですね。

5 ～から ～まで ～부터 ~까지

映画_{えいが}は 何時_{なんじ}から 何時までですか。

学校_{がっこう}は 午前_{ごぜん}10時_{じゅう}から 午後_{ごご} 4時_よ30分_{さんじゅっぷん}までです。

テストは 9時_くから 11時_{じゅういち}までです。

久ひさしぶり 오래간만 | 明日あした 내일 | テスト 시험(test) | 映画えいが 영화 | 学校がっこう 학교 |

午前ごぜん 오전 | 午後ごご 오후

패턴 연습

1. 보기

A 今 何時ですか。

B 3時 ちょうどです。

1)

A 今 何時ですか。

B ＿＿＿＿＿＿ です。

2)

A 今 何時ですか。

B ＿＿＿＿＿＿ です。

3)

A 今 何時ですか。

B ＿＿＿＿＿＿ です。
(= ＿＿＿＿＿＿ 前です。)

4)

A 今 何時ですか。

B ＿＿＿＿＿＿ です。

2. 보기

映画は 何時から 何時までですか。

→ 映画は 2時から 4時までです。

2:00－4:00

1) 郵便局は 何時から 何時までですか。

→ 郵便局は ＿＿＿＿ から ＿＿＿＿ までです。

9:00－5:00

2) スーパーは 何時から 何時までですか。

→ スーパーは ＿＿＿＿ から ＿＿＿＿ までです。

8:00－11:30

3) 日本の 銀行は 何時までですか。

→ 日本の 銀行は ＿＿＿＿ までです。

3:00

前まえ 전, 앞 | 映画えいが 영화 | 郵便局ゆうびんきょく 우체국 | スーパー 슈퍼마켓(supermarket) |

銀行ぎんこう 은행

독해·작문

읽어 봅시다!

 Track 25

うちの会社は午前8時半から午後6時半までです。

明日は会議があります。会議は9時から11時までです。

会議の後は山田さんと食事の約束があります。

山田さんは私の友達で、銀行員です。

銀行は午前9時から午後4時までです。

うち 우리 | 午前ごぜん 오전 | 半はん 반 | 〜から 〜まで ~부터 ~까지 | 午後ごご 오후 | 明日あした 내일 |

会議かいぎ 회의 | 〜が ~이(가) | あります 있습니다 | 後あと 뒤, 후 | 食事しょくじ 식사 | 約束やくそく 약속 |

友達ともだち 친구 | 銀行員ぎんこういん 은행원

일본어로 써 봅시다!

1. 지금 몇 시입니까?

_____

2. 회의는 오전 9시부터 11시 20분까지입니다.

_____

3. 시험은 오후 4시부터입니다.

_____

한자 연습

漢 한자 즐기기

써 봅시다!

学校 がっこう 학교	学校		
映画 えいが 영화	映画		
午前 ごぜん 오전	午前		
午後 ごご 오후	午後		
会議 かいぎ 회의	会議		
郵便局 ゆうびんきょく 우체국	郵便局		

듣기 연습

A. 내용을 듣고 보기와 같이 현재 시각을 시계 안에 그려 넣으세요. Track 26

A あの、すみません、今何時ですか。

B <u>さんじ さんじゅうごふん</u>です。

A ありがとうございます。

1)

2)

3)

4)

B. 내용을 듣고 그림과 일치하면 ○, 일치하지 않으면 ×를 넣으세요. Track 27

1) 9:00 – 15:00　　2) 9:00 – 10:30　　3) 11:00 – 23:00　　4) 13:00 – 14:40

(　　　　)　　(　　　　)　　(　　　　)　　(　　　　)

회화 플러스

Track 28

1. 자기소개

➜ 自己紹介(じこしょうかい)を お願(ねが)いします。 자기소개를 부탁합니다.

예 自己紹介を お願いします。 자기소개를 부탁합니다.

→ 私(わたし)は 青木(あおき)です。私は 日本人(にほんじん)で、会社員(かいしゃいん)です。

저는 아오키입니다. 저는 일본인이고 회사원입니다.

どうぞ よろしく お願(ねが)いします。 잘 부탁합니다.

| 아래 낱말을 써서 밑줄 친 부분과 바꿔서 말해보세요. |

アメリカ人じん 미국인 | イギリス人じん 영국인 | フランス人じん 프랑스인 |
韓国人かんこくじん 한국인 | 中国人ちゅうごくじん 중국인 | デザイナー 디자이너 |
留学生りゅうがくせい 유학생 | 銀行員ぎんこういん 은행원 | 主婦しゅふ 주부 |
大学院生だいがくいんせい 대학원생

2. 제3자에 대한 질문

➜ あの 人(ひと)は 誰(だれ)ですか。 저 사람은 누구입니까?

예 あの 人は 誰ですか。 저 사람은 누구입니까?

→ あの 人は 私の 弟(おとうと)です。 저 사람은 제 남동생입니다.

| 아래 낱말을 써서 밑줄 친 부분과 바꿔서 말해보세요. |

妹いもうと 여동생 | 兄あに 형, 오빠 | 姉あね 누나, 언니 | 友達ともだち 친구 |
会社かいしゃの 同僚どうりょう 회사 동료 | 彼氏かれし 남자 친구 | 彼女かのじょ 여자 친구 |
先輩せんぱい 선배 | 後輩こうはい 후배

● 일본의 국경일

　일본 여행을 준비한다면 일본의 국경일 정도는 체크해 두는 편이 좋습니다. 가려고 했던 곳이 국경일에는 휴관이 될 수도 있고, 일본의 황금연휴라 할 수 있는 '골든위크(일반적으로 4월 29일부터 5월 5일까지이며, 전후에 주말이 있다면 더 길어질 수도 있음)' 기간에 여행을 가게 된다면 혼잡을 피할 수 없는 상황이 생길 수도 있기 때문입니다.

이름	날짜	의미
<ruby>元日<rt>がんじつ</rt></ruby>	1월 1일	설날
<ruby>成人<rt>せいじん</rt></ruby>の<ruby>日<rt>ひ</rt></ruby>	1월 둘째 주 월요일	성인의 날, 만 20세가 되는 성인 남녀를 축하하는 날
<ruby>建国記念<rt>けんこくきねん</rt></ruby>の<ruby>日<rt>ひ</rt></ruby>	2월 11일	건국 기념일
<ruby>春分<rt>しゅんぶん</rt></ruby>の<ruby>日<rt>ひ</rt></ruby>	춘분일	천문관측에 의해 춘분이 일어나는 날을 춘분일로 정함. 통상 3월 20일이나 21일 중 하루
<ruby>昭和<rt>しょうわ</rt></ruby>の<ruby>日<rt>ひ</rt></ruby>	4월 29일	쇼와 일왕의 생일
<ruby>憲法記念日<rt>けんぽうきねんび</rt></ruby>	5월 3일	헌법 기념일
みどりの<ruby>日<rt>ひ</rt></ruby>	5월 4일	자연의 은혜에 감사하는 날
こどもの<ruby>日<rt>ひ</rt></ruby>	5월 5일	어린이날(남자 어린이의 날로, 여자 어린이의 날은 3월 3일 히나마쓰리(ひな祭まつり)에 축하함)
<ruby>海<rt>うみ</rt></ruby>の<ruby>日<rt>ひ</rt></ruby>	7월 셋째 주 월요일	바다의 날, 바다의 은혜에 감사하는 날
<ruby>敬老<rt>けいろう</rt></ruby>の<ruby>日<rt>ひ</rt></ruby>	9월 셋째 주 월요일	노인의 날, 노인을 공경하고 장수를 기원하는 날
<ruby>秋分<rt>しゅうぶん</rt></ruby>の<ruby>日<rt>ひ</rt></ruby>	추분일	천문관측에 의해 추분이 일어나는 날을 추분일로 정함. 통상 9월 22일이나 23일 중 하루
<ruby>体育<rt>たいいく</rt></ruby>の<ruby>日<rt>ひ</rt></ruby>	10월 둘째 주 월요일	체육의 날
<ruby>文化<rt>ぶんか</rt></ruby>の<ruby>日<rt>ひ</rt></ruby>	11월 3일	문화의 날
<ruby>勤労感謝<rt>きんろうかんしゃ</rt></ruby>の<ruby>日<rt>ひ</rt></ruby>	11월 23일	근로 감사의 날
<ruby>天皇誕生日<rt>てんのうたんじょうび</rt></ruby>	2월 23일	현재 일왕의 생일을 축하하는 날

06

今日は 何月 何日ですか。

오늘은 몇 월 며칠입니까?

포인트 스피치 🎵 Track 29

" 오늘은 8월 13일 월요일입니다.

오늘은 제 생일입니다.

올해는 8월 13일부터 15일까지 오봉 명절입니다.

저의 여름휴가도 오늘부터 수요일까지 3일간입니다.

今日は 8月13日 月曜日です。

今日は 私の 誕生日です。

今年は 8月13日から 15日まで お盆休みです。

私の 夏休みも 今日から 水曜日までの 3日間です。 "

기본 회화

 Track 30

先生	みなさん、今日は 何月何日 何曜日ですか。
学生たち	今日は 5月 6日 火曜日です。
先生	昨日は？
学生たち	5月 5日 月曜日でした。
先生	昨日は 子供の 日でしたね。
	では、明日は 何月何日 何曜日ですか。
キム	明日は 5月 7日 水曜日です。ワンさんの 誕生日です。
先生	そうですか。
	ワンさん、お誕生日 おめでとうございます。

みなさん 여러분 | 今日きょう 오늘 | 何月何日なんがつなんにち 몇 월 며칠 | 何曜日なんようび 무슨 요일 |

昨日きのう 어제 | ～でした ～였습니다 | 子供こどもの 日ひ 어린이날 | 誕生日たんじょうび 생일 |

そうですか 그렇습니까? | お誕生日 おめでとうございます 생일 축하합니다

1 년

1年	2年	3年	4年	5年	6年
いちねん	にねん	さんねん	よねん	ごねん	ろくねん

7年	8年	9年	10年	11年	何年
ななねん	はちねん	きゅうねん	じゅうねん	じゅういちねん	なんねん

2 월

1月	2月	3月	4月	5月	6月
いちがつ	にがつ	さんがつ	しがつ	ごがつ	ろくがつ

7月	8月	9月	10月	11月	12月
しちがつ	はちがつ	くがつ	じゅうがつ	じゅういちがつ	じゅうにがつ

3 일・요일

日曜日 にちようび	月曜日 げつようび	火曜日 かようび	水曜日 すいようび	木曜日 もくようび	金曜日 きんようび	土曜日 どようび
		1日 ついたち	2日 ふつか	3日 みっか	4日 よっか	5日 いつか
6日 むいか	7日 なのか	8日 ようか	9日 ここのか	10日 とおか	11日 じゅういちにち	12日 じゅうににち
13日 じゅうさんにち	14日 じゅうよっか	15日 じゅうごにち	16日 じゅうろくにち	17日 じゅうしちにち	18日 じゅうはちにち	19日 じゅうくにち
20日 はつか	21日 にじゅういちにち	22日 にじゅうににち	23日 にじゅうさんにち	24日 にじゅうよっか	25日 にじゅうごにち	26日 にじゅうろくにち
27日 にじゅうしちにち	28日 にじゅうはちにち	29日 にじゅうくにち	30日 さんじゅうにち	31日 さんじゅういちにち		何日 なんにち

4 ～でした ～이었습니다

昨日(きのう)は キムさんの 誕生日(たんじょうび)でした。

昨日(きのう)は 3月(さんがつ) 6日(むいか)でした。

5 시제

昨日(きのう) 어제 ― 今日(きょう) 오늘 ― 明日(あした) 내일

先週(せんしゅう) 지난주 ― 今週(こんしゅう) 이번 주 ― 来週(らいしゅう) 다음 주

6 いつですか 언제입니까?

お誕生日は いつですか。

子供(こども)の 日(ひ)は いつですか。

誕生日**たんじょうび** 생일(남의 생일은 앞에 お를 붙여 お誕生日라고 함) | いつ 언제

패턴 연습

1.

보기

テスト (5月7日〜11日)

テストは いつから いつまでですか。

→ テストは ごがつ なのかから

じゅういちにちまでです。

1)

冬休み (12月10日〜2月28日)

_____は いつから いつまでですか。

→ _____は _____から

_____までです。

2)

まつり (月曜日〜金曜日)

_____は 何曜日から 何曜日までですか。

→ _____は _____から

_____までです。

3)

コンサート (7月〜8月)

_____は 何月から 何月までですか。

→ _____は _____から

_____までです。

2.

보기

7月				
月	火	水	木	金
1	2	3	4	5

今日は 何月何日 何曜日ですか。

→ しちがつ みっか すいようびです。

1) 明日は 何月何日 何曜日ですか。　→ _____です。

2) 昨日は 何月何日でしたか。　→ _____でした。

3) あさっては 何曜日ですか。　→ _____です。

テスト 시험 | 冬休ふゆやすみ 겨울방학(휴가) ⇔ 夏休なつやすみ 여름방학(휴가) | まつり 축제 |

コンサート 콘서트(concert) | 今日きょう 오늘 | 何月何日なんがつなんにち 몇 월 며칠 |

何曜日なんようび 무슨 요일 | 明日あした 내일 | 昨日きのう 어제 | あさって 모레

독해·작문

 읽어 봅시다! Track 31

私の誕生日は4月6日です。昨日は私の誕生日でした。

私は大学3年生で、趣味はテニスです。

田中さんは私の友達です。田中さんの誕生日は9月14日です。

大学4年生で、趣味は水泳です。

明日から学校のテストです。テストは月曜日から木曜日までです。

 誕生日たんじょうび 생일 | 大学だいがく 대학 | ~年生ねんせい ~학년 | ~で ~이고 | 趣味しゅみ 취미 |

テニス 테니스(tennis) | 友達ともだち 친구 | 水泳すいえい 수영

 일본어로 써 봅시다!

1. 생일이 언제입니까?

_____

2. 시험은 6월 4일부터 7일까지입니다.

_____

3. 오늘은 1월 20일 월요일입니다.

_____

정답 1. お誕生日(たんじょうび)は いつですか。

2. テストは 6月(ろくがつ) 4日(よっか)から 7日(なのか)までです。

3. 今日(きょう)は 1月(いちがつ) 20日(はつか) 月曜日(げつようび)です。

한자 연습

한자 즐기기

本文 _{ほんぶん} 본문 → 文学 _{ぶんがく} 문학

本 _{ほん} 본
作 _{さく} 작
文 _{ぶん} 문
学 _{がく} 학
化 _か 화

作文 _{さくぶん} 작문 ← 文化 _{ぶんか} 문화

써 봅시다!

今日 _{きょう} 오늘	今日			
昨日 _{きのう} 어제	昨日			
明日 _{あした} 내일	明日			
趣味 _{しゅみ} 취미	趣味			
誕生日 _{たんじょうび} 생일	誕生日			
休み _{やす} 휴일	休み			

듣기 연습

A. 내용을 듣고 밑줄 친 부분에 날짜 또는 요일을 적어보세요. Track 32

1) 明日は ＿＿＿＿＿＿ 月 ＿＿＿＿＿＿ 日です。

2) キムさんの 誕生日は ＿＿＿＿＿＿ 月 ＿＿＿＿＿＿ 日です。

3) テストは ＿＿＿＿＿＿ からです。

4) 学校の 休みは ＿＿＿＿＿＿ 月 ＿＿＿＿＿＿ 日です。

B. 내용을 듣고 달력에 표시된 것과 일치하면 ○, 일치하지 않으면 ✕를 넣으세요. Track 33

9月

日	月	火	水	木	金	土
			1 今日	2	3	4
5	6	7	8 ←――― テスト	9 ――――→	10	11
12	13 ←――― 休み	14	15	16 ―――→	17 木村さんの 誕生日	18
19	20	21	22	23	24	25
26	27	28	29	30		

1) (　　　) 2) (　　　) 3) (　　　) 4) (　　　)

회화 플러스

 Track 34

1. 나이

→ **おいくつですか。(= なんさいですか。)**

몇 살입니까?

한 살	두 살	세 살	네 살	다섯 살	여섯 살
いっさい	にさい	さんさい	よんさい	ごさい	ろくさい
일곱 살	여덟 살	아홉 살	열 살	스무 살	스물한 살
ななさい	はっさい	きゅうさい	じゅっさい	はたち	にじゅういっさい

예 おいくつですか。 몇 살입니까?

→ ① じゅうごさいです。15세입니다.

② にじゅうさんさいです。23세입니다.

2. 전화번호

→ **電話番号は? (=電話番号を 教えて ください。)**

전화번호는 (몇 번입니까)? (전화번호를 가르쳐 주세요.)

예 電話番号は? 전화번호는?

→ 0 2) 1 2 3 4 ー 5 6 7 8 です。

● 일본을 대표하는 꽃

　'벚꽃(さくら)'은 일본의 국화(國花)라고 생각될 정도로 일본을 대표하는 꽃으로 알려져 있습니다만, 사실 일본의 공식적인 국화는 없습니다. 하지만 황실 문장이나 여권 등에서는 일본을 나타내는 꽃으로 '국화(菊花)'를 사용하고 있습니다.

일본 여권 ▶

　벚꽃은 필 때는 일제히 피었다가 질 때는 순식간에 지는 모습이 일본 무사(さむらい)의 인생관에 비유되면서 일본인들에게 가장 친숙한 꽃으로 자리잡았습니다.

　일본 각지에는 벚꽃을 즐길 수 있는 명소가 많고, 봄이 되면 각 방송사에서는 '벚꽃개화시기'를 보도할 정도로 일본인들의 삶 속에서 벚꽃은 떼려야 뗄 수 없는 존재라 할 수 있습니다. 특히 벚꽃 나무 아래에서 가족이나 친구, 동료들과 음식과 술을 나누며 즐거운 시간을 보내는 '하나미(花見)'는 일본인들에게 있어 봄철의 가장 큰 행사입니다.

◀ 하나미

07 この ケーキは いくらですか。

이 케이크는 얼마입니까?

" 이 가게는 디저트 카페입니다.

이 가게의 케이크는 전부 500엔입니다.

뜨거운 커피는 350엔이고, 아이스커피는 400엔입니다.

그리고 쿠키는 전부 100엔입니다.

この 店は デザート・カフェです。

この 店の ケーキは 全部 ５００円です。

ホットコーヒーは ３５０円で、アイスコーヒーは ４００円です。

それから、クッキーは 全部 １００円です。"

기본 회화

 Track 36

店員 <small>てんいん</small>	いらっしゃいませ。
山田 <small>やまだ</small>	あの、すみません。この チーズケーキ、いくらですか。
店員	５００円です。 <small>ごひゃく えん</small>
山田	ちょっと 高いですね。コーヒーは いくらですか。 <small>たか</small>
店員	コーヒーは ３５０円です。 <small>さんびゃくごじゅう</small>
山田	じゃ、コーヒーと チーズケーキを ください。
	それから、この クッキーも ひとつ おねがいします。
店員	はい、全部で ９５０円です。 <small>ぜん ぶ きゅうひゃくごじゅう</small>

店員てんいん 점원 | いらっしゃいませ 어서 오세요 | すみません 실례합니다 |

チーズケーキ 치즈케이크(cheese cake) | いくらですか 얼마입니까? | 〜円えん 〜엔 (일본의 화폐단위) |

ちょっと 좀, 약간 | 高たかい 비싸다 (い형용사) | コーヒー 커피(coffee) | 〜じゃ(= では) 그럼, 그러면 |

〜と 〜와(과) | 〜を 〜을(를) | それから 그리고 | クッキー 쿠키(cookie) | 〜も 〜도 | ひとつ 한 개 |

おねがいします 부탁합니다 | 全部ぜんぶで 전부 해서, 전부 합해서

1 숫자 읽기

1	10	100	1000	10000
いち	じゅう	ひゃく	せん	いちまん
2	20	200	2000	20000
に	にじゅう	にひゃく	にせん	にまん
3	30	300	3000	30000
さん	さんじゅう	さんびゃく	さんぜん	さんまん
4	40	400	4000	40000
し・よん	よんじゅう	よんひゃく	よんせん	よんまん
5	50	500	5000	50000
ご	ごじゅう	ごひゃく	ごせん	ごまん
6	60	600	6000	60000
ろく	ろくじゅう	ろっぴゃく	ろくせん	ろくまん
7	70	700	7000	70000
しち・なな	ななじゅう	ななひゃく	ななせん	ななまん
8	80	800	8000	80000
はち	はちじゅう	はっぴゃく	はっせん	はちまん
9	90	900	9000	90000
きゅう・く	きゅうじゅう	きゅうひゃく	きゅうせん	きゅうまん
10	100	1000	10000	100000
じゅう	ひゃく	せん	いちまん	じゅうまん

2 조수사 읽기

ひとつ 한 개	ふたつ 두 개	みっつ 세 개	よっつ 네 개
いつつ 다섯 개	むっつ 여섯 개	ななつ 일곱 개	やっつ 여덟 개
ここのつ 아홉 개	とお 열 개	じゅういっこ 열한 개	いくつ 몇 개, 얼마

1円 いちえん	5円 ごえん	10円 じゅうえん	50円 ごじゅうえん	100円 ひゃくえん
500円 ごひゃくえん	1000円 せんえん	2000円 にせんえん	5000円 ごせんえん	10000円 いちまんえん

3 ～と ～와(과)

アイスコーヒーと ケーキです。どうぞ。

ハンバーガーと コーラを ください。

4 ～を ～을(를)

チーズケーキを ひとつ おねがいします。

お名前を おねがいします。
_{なまえ}

アイスコーヒー 아이스커피(ice coffee) | ケーキ 케이크(cake) | ハンバーガー 햄버거(hamburger) |

コーラ 콜라(cola) | チーズケーキ 치즈케이크 | ひとつ 한 개 | お名前なまえ 이름, 성함

패턴 연습

1. 보기

アイスクリーム
600円

A <u>アイスクリーム</u>は いくらですか。
B <u>ろっぴゃく</u>円です。

1) ミルク
300円

A ＿＿＿＿＿＿＿は いくらですか。
B ＿＿＿＿＿＿＿円です。

2) とんカツ
800円

A ＿＿＿＿＿＿＿は いくらですか。
B ＿＿＿＿＿＿＿円です。

3) うどん
550円

A ＿＿＿＿＿＿＿は いくらですか。
B ＿＿＿＿＿＿＿円です。

4) さしみ
6000円

A ＿＿＿＿＿＿＿は いくらですか。
B ＿＿＿＿＿＿＿円です。

2. 보기

1300円 → <u>せんさんびゃく</u>円

1) 160円 → ＿＿＿＿＿＿＿＿円

2) 370円 → ＿＿＿＿＿＿＿＿円

3) 840円 → ＿＿＿＿＿＿＿＿円

4) 13000円 → ＿＿＿＿＿＿＿＿円

3. 보기

300円 / 200円

A 全部で いくらですか。

B <u>ごひゃく</u>円です。

1)

350円 / 300円

A 全部で いくらですか。

B ＿＿＿＿＿＿＿＿円です。

2)

400円 / 600円

A 全部で いくらですか。

B ＿＿＿＿＿＿＿＿円です。

3)

100円 / 2200円

A 全部で いくらですか。

B ＿＿＿＿＿＿＿＿円です。

4)

500円 / 800円

A 全部で いくらですか。

B ＿＿＿＿＿＿＿＿円です。

4. 보기

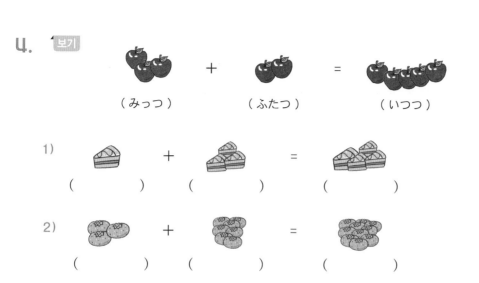

（ みっつ ）　　＋　　（ ふたつ ）　　＝　　（ いつつ ）

1)

（　　　）　　＋　　（　　　）　　＝　　（　　　）

2)

（　　　）　　＋　　（　　　）　　＝　　（　　　）

독해·작문

 읽어 봅시다!

 Track 37

> この店はちょっと高いですが、品物はとてもいいです。
>
> セーターとブラウスは4500円です。
>
> どちらもMサイズです。
>
> スカートは3600円です。
>
> ズボンは高いのもありますが、スカートよりは安いです。

店みせ 가게 | ちょっと 좀, 약간 | 高たかい 비싸다 | 〜が 〜(이)지만 | 品物しなもの 물건 | いい 좋다 |

セーター 스웨터(sweater) | 〜と 〜와(과) | ブラウス 블라우스(blouse) | どちらも 어느 쪽도, 둘 다 |

サイズ 사이즈(size) | スカート 스커트(skirt) | ズボン 바지 | あります 있습니다 | 〜より 〜보다 |

安やすい 싸다

 일본어로 써 봅시다!

1. 저, 실례합니다. 이 책은 얼마입니까?

_____

2. 케이크는 350엔입니다.

_____

3. 그럼, 커피와 케이크를 주십시오.

_____

정답 1. あの、すみません。この本(ほん)は いくらですか。
2. ケーキは 350円(さんびゃく ごじゅうえん)です。
3. じゃ、コーヒーと ケーキを ください。

한자 연습

🍶 한자 즐기기

かいしょく
会食 회식

しょくりょう
食料 식료

かい しゃ
会社
회사

しょく どう
食堂
식당

りょう り
料理
요리

🥄 써 봅시다!

ぜん ぶ 全 部 전부	全 部			
しょく どう 食 堂 식당	食 堂			
りょう り 料 理 요리	料 理			
みせ 店 가게	店			
しな もの 品 物 물건	品 物			
な まえ 名 前 이름	名 前			

듣기 연습

A. 내용을 듣고 그림과 일치하면 ○, 일치하지 않으면 ×를 넣으세요. Track 38

| 900円 | 400円 | 250円 | 100円 |

1) (　　　　　) 　2) (　　　　　) 　3) (　　　　　) 　4) (　　　　　)

B. 내용을 듣고 각 메뉴의 가격을 바르게 연결하세요. Track 39

1) •　　　　　　ⓐ 200円

2) •　　　　　　ⓑ 500円

3) •　　　　　　ⓒ 650円

4) •　　　　　　ⓓ 300円

Track 40

1. 주문하기

➜ **いらっしゃいませ。**

어서 오세요.

예 いらっしゃいませ。 어서 오세요.

➜ **すみません。 コーヒー ひとつと ジュース ふたつ ください。**

실례합니다. 커피 한 개와 주스 두 개 주세요.

| 아래 낱말을 써서 밑줄 친 부분과 바꿔서 말해보세요. |

やきそば 야키소바 | お好このみ焼やき 오코노미야키 | カレー 카레 | ハンバーガー 햄버거 |

ラーメン 라면 | 焼やき肉にく 불고기 | みっつ 세 개 | 1人前いちにんまえ 1인분 | 2人前ににんまえ 2인분

2. 가격 질문

➜ **ケーキは いくらですか。**

케이크는 얼마입니까?

예 ケーキは いくらですか。 케이크는 얼마입니까?

➜ **ケーキは 300円**
さんびゃくえん**です。** 케이크는 300엔입니다.

| 아래 낱말을 써서 밑줄 친 부분과 바꿔서 말해보세요. |

チーズケーキ 치즈케이크 | いちごケーキ 딸기케이크 | チョコケーキ 초코케이크 |

アイスコーヒー 아이스커피 | 紅茶こうちゃ 홍차 | コーラ 콜라 | ジュース 주스(juice) | お水みず 물 |

320円さんびゃくにじゅうえん 320엔 | 400円よんひゃくえん 400엔 | 650円ろっぴゃくごじゅうえん 650엔 |

700円ななひゃくえん 700엔 | 1000円せんえん 1000엔

● 일본의 전통의상

일본의 전통의상이라고 하면 바로 '기모노(きもの)'가 떠오를 것입니다. 기모노는 매우 격식을 차려 입는 옷으로, 기모노를 제대로 갖춰 입으려면 기모노를 전문으로 입혀 주는 사람이 필요할 정도이고, 입는 데에만 2시간 정도 걸린다고 합니다. 가격도 비싸서 대를 이어 입기도 합니다.

그래서 최근에는 격식을 차려야 하는 자리나 성인식 등 기모노를 입어야 하는 자리에 참석할 때, 조금 간소화된 기모노를 입기도 합니다.

기모노를 입은 여성의 뒷모습 ▶

요즘도 신사에서 기모노를 입고 예식을 올리는 신랑 신부를 종종 볼 수 있습니다. 결혼식에서는 신랑은 검정색, 신부는 흰색 기모노를 입습니다. 하객들도 기모노나 정장을 입고 참석하는데, 하객 중에 결혼을 한 친족일 경우에는 검정색 기모노를 입습니다.

신사에서의 전통 결혼식 ▶

기모노를 입었을 때는 일본식 버선이라 할 수 있는 '다비(たび, 엄지발가락과 검지발가락 사이가 갈라진 버선)'를 신고, '게타(げた, 나무로 만든 굽이 높은 신발)'나 '조리(ぞうり, 목면 이나 가죽으로 만든 굽이 없는 신발)'를 신습니다.

다비와 조리 ▶

▲ 다비와 게타

기모노와 비슷한 옷으로 '유카타(ゆかた)'가 있습니다. 유카타는 여름철이나 목욕 후에 간편하 게 입는 목면 소재의 옷을 말합니다. 일본 여행 중에 호텔이나 온천에서 기모노처럼 생긴 옷을 입었 다면 그것이 유카타입니다.

특히 여름에 열리는 축제에 참석할 때, 많은 일본인들이 유카타를 입고 축제를 즐깁니다.

여름에 일본 여행을 가게 된다면 유카타를 입고 축제를 즐겨 보는 것도 좋은 추억이 될 것입니다.

유카타를 입은 남녀 모습 ▶

호텔 비치용 유카타 ▶

08 日本語は とても おもしろいです。

일본어는 아주 재미있습니다.

> 오늘은 날씨가 좋습니다. 오늘은 어제보다 덥지 않습니다.
> 어제는 일본어 시험이었습니다.
> 시험은 좀 어려웠지만,
> 일본어 공부는 재미있고 즐겁습니다.

今日は いい 天気です。 今日は 昨日より 暑く ありません。

昨日は 日本語の テストでした。

テストは ちょっと 難しかったですが、

日本語の 勉強は おもしろくて 楽しいです。 "

기본 회화

 Track 42

木村　　　　キムさん、今日は あまり 暑く ありませんね。

キム　　　　ええ、昨日よりは すずしいですね。

木村　　　　キムさん、最近 日本語の 勉強は どうですか。

キム　　　　ちょっと 難しいですが、とても おもしろいです。

　　　　　　韓国語の 勉強は どうですか。

木村　　　　英語より おもしろくて 簡単です。

キム　　　　それは よかったですね。

　　　　　　あ、昨日は テストでしたね。どうでしたか。

木村　　　　テストは 難しかったです。

今日きょう 오늘 | あまり 별로, 그다지 | 暑あつい 덥다 | 昨日きのう 어제 | ～より ～보다 |

すずしい 서늘하다, 시원하다 | 最近さいきん 최근, 요즘 | 勉強べんきょう 공부 | どうですか 어떻습니까? |

難むずかしい 어렵다 | ～が ～(이)지만 | とても 매우, 아주 | おもしろい 재미있다 | 英語えいご 영어 |

簡単かんたんです 간단합니다 (기본형 かんたんだ) | それは よかったですね 그거 잘됐네요 |

どうでしたか 어땠습니까? (과거형)

문법 포인트

 ① い형용사의 활용

종류	만드는 방법
기본형	~い 예 おいしい 맛있다
정중형	~い + です 예 おいしいです 맛있습니다
부정형	~い̸ + く ありません (= ないです) 예 おいしく ありません (= おいしく ないです) 맛이 없습니다
과거형	~い̸ + かったです 예 おいしかったです 맛있었습니다
과거 부정형	~い̸ + く ありませんでした (=く なかったです) 예 おいしく ありませんでした 맛이 없었습니다 　　(= おいしく なかったです)
명사 수식	~い + 명사 예 おいしい りんご 맛있는 사과
부사형	~い̸ + く 예 おいしく 맛있게
연결형	~い̸ + くて 예 おいしくて 맛있고, 맛있어서

いい / よい의 활용

종류	표현 방법	
부정	よく ありません (○)	いく ありません (×)
과거	よかったです (○)	いかったです (×)
과거 부정	よく ありませんでした (○)	いく ありませんでした (×)
부사	よく (○)	いく (×)
연결	よくて (○)	いくて (×)

2 〜い ＋ です　〜 합니다 [정중]

今日_{きょう}は とても 暑_{あつ}いです。

キムさんの 部屋_{へや}は 広_{ひろ}いです。

3 〜く ありません（＝く ないです）　〜(지) 않습니다 [부정]

テストは あまり 難_{むずか}しく ありません。

天気_{てんき}は よく ありません。

この 映画_{えいが}は あまり おもしろく ありません。

4 〜ですが　〜입니다만, 〜(이)지만

この 店_{みせ}は ちょっと 高_{たか}いですが、とても おいしいです。

中国語_{ちゅうごくご}は おもしろいですが、ちょっと 難_{むずか}しいです。

よい (＝ いい) 좋다 | 暑あつい 덥다 | 部屋へや 방 | 広ひろい 넓다 | テスト 시험 | 難むずかしい 어렵다 |

天気てんき 날씨 | 映画えいが 영화 | 店みせ 가게 | ちょっと 좀, 약간 | 高たかい 비싸다 |

中国語ちゅうごくご 중국어

문법 포인트

5 ～より   ～보다 [비교]

昨日より 寒いですね。

みかんは りんごより 安いです。

6 ～くて   ～(이)고 [연결, 나열]

この 店は 安くて おいしいですね。

背が 高くて ハンサムです。

イさんは かわいくて 優しいです。

7 ～かったです   ～(이)었습니다 [과거]

天気は とても よかったです。

旅行は 楽しかったです。

昨日きのう 어제 | 寒さむい 춥다 | みかん 귤 | りんご 사과 | 安やすい 싸다 | 背せが 高たかい 키가 크다 |

ハンサムだ 잘생기다, 핸섬하다 | かわいい 귀엽다 | 優やさしい 자상하다, 상냥하다 | とても 매우, 참 |

よい (= いい) 좋다 | 旅行りょこう 여행 | 楽たのしい 즐겁다

패턴 연습

1.

この 部屋は 広い。　→　この 部屋は 広いです。

1) キムさんは 髪が 長い。　→　キムさんは 髪が ＿＿＿＿＿＿＿。

2) この 靴は 新しい。　→　この 靴は ＿＿＿＿＿＿＿。

2.

春は あたたかいです。　→　あたたかい 春です。

1) 夏は 暑いです。　→　＿＿＿＿＿＿＿＿＿＿＿。

2) 秋は 涼しいです。　→　＿＿＿＿＿＿＿＿＿＿＿。

3) 冬は 寒いです。　→　＿＿＿＿＿＿＿＿＿＿＿。

3.

すしは おいしいですか。

→　いいえ、あまり おいしく ありません。まずいです。

1) その 時計は 高いですか。

→　いいえ、あまり ＿＿＿＿＿＿＿＿＿。安いです。

2) キムさんの 靴は 新しいですか。

→　いいえ、あまり ＿＿＿＿＿＿＿＿＿。古いです。

部屋へや 방 | 広ひろい 넓다 | 髪かみ 머리(카락) | 長ながい 길다 | 靴くつ 신발, 구두 | 新あたらしい 새롭다 |

春はる 봄 | あたたかい 따뜻하다 | 夏なつ 여름 | 暑あつい 덥다 | 秋あき 가을 | 涼すずしい 서늘하다 |

冬ふゆ 겨울 | まずい 맛없다 | 時計とけい 시계 | 高たかい 비싸다 | 古ふるい 낡다

4. 보기

この レストランは 安_{やす}い・おいしい

→ この レストランは 安くて おいしい。

1) この 時計_{とけい}は 小_{ちい}さい・かわいい

→ この 時計は ＿＿＿＿＿＿＿＿＿＿＿＿＿＿＿＿。

2) この かばんは 赤_{あか}い・大_{おお}きい

→ この かばんは ＿＿＿＿＿＿＿＿＿＿＿＿＿＿。

5. 보기

旅行_{りょこう}は 楽_{たの}しい。　→　旅行は 楽しかったです。

1) この 料理_{りょうり}は おいしい。　→　この 料理は ＿＿＿＿＿＿＿＿＿です。

2) 天気_{てんき}は いい。　　　　　　→　天気は ＿＿＿＿＿＿＿＿＿です。

3) テストは 難_{むずか}しい。　　　　　→　テストは ＿＿＿＿＿＿＿＿＿です。

6. 보기

この 本_{ほん}より 大_{おお}きく ありません。

→ この 本より 大きく ありませんでした。

1) 英語_{えいご}より 難しく ありません。　→　英語より ＿＿＿＿＿＿＿＿＿。

2) 映画_{えいが}は おもしろく ありません。　→　映画は ＿＿＿＿＿＿＿＿＿。

7. い형용사를 활용별로 보기와 같이 완성하세요.

보기 高(たか)い ↓ 비싸다	おもしろい 재미있다	広(ひろ)い 넓다	長(なが)い 길다	★ いい(=よい) 좋다
高いです 비쌉니다				
高く ありません 비싸지 않습니다				
高かったです 비쌌습니다				
高く ありません でした 비싸지 않았습니다				
高い 時計(とけい) 비싼 시계	本(ほん) 책	部屋(へや) 방	髪(かみ) 머리	人(ひと) 사람
高く 비싸게				
高くて 비싸고				

レストラン 레스토랑(restaurant) | 小(ちい)さい 작다 | かわいい 귀엽다 | 赤(あか)い 빨갛다 |

大(おお)きい 크다 | 旅行(りょこう) 여행 | 楽(たの)しい 즐겁다 | 料理(りょうり) 요리 | 天気(てんき) 날씨 |

テスト 시험 | 難(むずか)しい 어렵다 | ～より ～보다 (비교) | 英語(えいご) 영어 | 映画(えいが) 영화

여러 가지 い형용사

い형용사 어휘 정리 [반대말]

高^{たか}い 비싸다	↔	安^{やす}い 싸다	早^{はや}い / 速^{はや}い 이르다 / 빠르다	↔	遅^{おそ}い 느리다
高^{たか}い 높다	↔	低^{ひく}い 낮다	背^せが 高^{たか}い 키가 크다	↔	背^せが 低^{ひく}い 키가 작다
おいしい 맛있다	↔	まずい 맛없다	近^{ちか}い 가깝다	↔	遠^{とお}い 멀다
大^{おお}きい 크다	↔	小^{ちい}さい 작다	重^{おも}い 무겁다	↔	軽^{かる}い 가볍다
難^{むずか}しい 어렵다	↔	易^{やさ}しい 쉽다	熱^{あつ}い 뜨겁다	↔	冷^{つめ}たい 차갑다
新^{あたら}しい 새롭다	↔	古^{ふる}い 오래되다	明^{あか}るい 밝다	↔	暗^{くら}い 어둡다
長^{なが}い 길다	↔	短^{みじか}い 짧다	うれしい 기쁘다	↔	かなしい 슬프다
多^{おお}い 많다	↔	少^{すく}ない 적다	おもしろい 재미있다	↔	つまらない 재미없다
広^{ひろ}い 넓다	↔	狭^{せま}い 좁다	いい 좋다	↔	わるい 나쁘다

계절에 관한 い형용사

春(はる) 봄	あたたかい 따뜻하다
夏(なつ) 여름	あつい 덥다
秋(あき) 가을	すずしい 서늘하다
冬(ふゆ) 겨울	さむい 춥다

색에 관한 い형용사

白(しろ)い	하얗다
黒(くろ)い	검다
黄色(きいろ)い	노랗다
赤(あか)い	빨갛다
青(あお)い	파랗다

맛에 관한 い형용사

あまい	달다
からい	맵다
しょっぱい	짜다
にがい	쓰다
すっぱい	시다
しぶい	떫다

그 외 い형용사

かわいい	귀엽다
痛(いた)い	아프다
忙(いそが)しい	바쁘다
楽(たの)しい	즐겁다
優(やさ)しい	자상하다, 상냥하다
すばらしい	훌륭하다
うつくしい	아름답다

독해·작문

 ## 읽어 봅시다!

 Track 43

> キムさんと私(わたし)は一番(いちばん)仲(なか)がいい友達(ともだち)です。
>
> キムさんはとてもかわいくて優(やさ)しいタイプです。
>
> 昨日(きのう)はキムさんの誕生日(たんじょうび)でした。
>
> それで、友達とパーティーをしました。
>
> パーティーはとても楽(たの)しかったです。

~と ~와(과) | 一番いちばん 가장, 제일 | 仲なかが いい 사이가 좋다 | 友達ともだち 친구 | タイプ 타입(type) |

誕生日たんじょうび 생일 | それで 그래서 | パーティー 파티(party) | しました 했습니다 |

とても 매우, 아주 | [형용사]＋かったです ~였습니다 (과거)

 ## 일본어로 써 봅시다!

1. 오늘은 날씨가 좋네요.

_____

2. 여행은 아주 즐거웠습니다.

_____

3. 영화는 어땠습니까? / 별로 재미없었습니다.

_____

정답 1. 今日(きょう)は いい 天気(てんき)ですね。
2. 旅行(りょこう)は とても 楽(たの)しかったです。
3. 映画(えいが)は どうでしたか。/ あまり おもしろく ありませんでした。

한자 연습

한자 즐기기

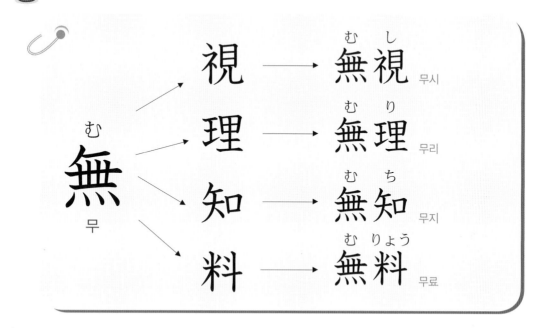

| 視 → | 無視 | 무시 |

無(무)
視 → 無視 (む し) 무시
理 → 無理 (む り) 무리
知 → 無知 (む ち) 무지
料 → 無料 (む りょう) 무료

써 봅시다!

天気 (てん き) 날씨	天気			
最近 (さい きん) 최근	最近			
旅行 (りょ こう) 여행	旅行			
勉強 (べん きょう) 공부	勉強			
春 (はる) 봄	春			
夏 (なつ) 여름	夏			

듣기 연습

A. 내용을 듣고 빈칸에 알맞은 단어를 쓰세요. Track 44

私は 日本語の 勉強は はじめてですが、

日本人の 友達は 1) _____ です。

日本語は ちょっと 2) _____ ですが、

とても 3) _____ です。

昨日は 学校の テストでした。

テストは 4) _____ 難しく ありませんでした。

B. 내용을 잘 듣고 그림과 일치하면 ○, 일치하지 않으면 ×를 넣으세요. Track 45

1) (   )   2) (   )   3) (   )   4) (   )

勉強べんきょう 공부 | はじめて 처음 | 友達ともだち 친구 | 学校がっこう 학교 | テスト 시험 |

難むずかしい 어렵다

회화 플러스

 Track 46

1. 학년

➡ **何年生ですか。**
（なんねんせい）

몇 학년입니까?

예 何年生ですか。 몇 학년입니까?

➡ 大学 ４年生です。 대학 4학년입니다.
（だいがく）（よ）

| 아래 낱말을 써서 밑줄 친 부분과 바꿔서 말해보세요. |

小学しょうがく 초등(학교) | 中学ちゅうがく 중학(교) | 高校こうこう 고등(학교) |

１年生いちねんせい 1학년 | ２年生にねんせい 2학년 | ３年生さんねんせい 3학년

2. 태어난 해

A **何年生まれですか。** 몇 년생입니까?
（なんねん）（う）

B **１９９４年生まれです。** 1994년생입니다.
（せんきゅうひゃくきゅうじゅうよ）

| 아래 낱말을 써서 밑줄 친 부분과 바꿔서 말해보세요. |

1979年せんきゅうひゃくななじゅうきゅうねん 1979년 | 1986年せんきゅうひゃくはちじゅうろくねん 1986년 |

1990年せんきゅうひゃくきゅうじゅうねん 1990년 | 1998年せんきゅうひゃくきゅうじゅうはちねん 1998년 |

2000年にせんねん 2000년 | 2002年にせんにねん 2002년

● 일본의 대표 음식

초밥(すし)

　일본 음식이라고 하면 가장 먼저 '초밥(스시)'을 떠올릴 것입니다. 그만큼 일본은 초밥의 종류가 다양할 뿐 아니라 초밥을 먹을 수 있는 식당도 쉽게 찾을 수 있습니다. 게다가 상대적으로 배달 문화가 발달하지 않은 일본에서 초밥만큼은 흔히 배달될 정도로 일본인들은 초밥을 즐겨 먹습니다.

　초밥은 모양에 따라 종류가 나뉘는데, 일반적으로 밥 위에 생선이나 해물이 올라간 '니기리즈시(にぎりずし)', 초밥용 밥을 김으로 둘러 만 다음, 위에 연어알이나 낫토를 올린 '군칸마키(ぐんかんまき)', 우리나라의 김밥과 비슷한 '후토마키(ふとまき)', 얇게 싼 김밥 안에 구운 참치나 오이만을 넣은 '노리마키(のりまき)', 손으로 잡고 먹을 수 있게 만든 '데마키(てまき)', 우리나라의 회덮밥 같은 형태의 '지라시즈시(ちらしずし)' 등이 있습니다.

초밥 ▶

전골요리(なべ料理)

　일본에서는 겨울철이 되면 '전골요리'를 많이 먹습니다. 전골요리의 종류로는 우리에게도 친숙한 '스키야키(すきやき)', '샤부샤부(しゃぶしゃぶ)'가 있고, 일본 스모 선수들이 주로 먹는 '창코나베(ちゃんこ鍋)' 등이 있습니다.

▲ 스키야키

라멘(ラーメン)

일본 음식에서 '라멘' 역시 빠질 수 없는 음식 중의 하나입니다. 일본에서는 식당 등에서 인스턴트 라면을 팔지 않습니다. 식당에서 파는 라멘이라 하면 돼지나 닭의 뼈를 우린 육수에 소금, 일본 된장, 간장 등으로 맛을 내고 생면을 삶아 넣은 후 각종 고명을 올린 음식을 말합니다. 일본 라멘은 크게 네 종류로 나눌 수 있는데, 소금으로 간을 한 '시오 라멘(塩ラーメン)', 일본 된장으로 맛을 낸 '미소 라멘(味噌ラーメン)', 간장으로 맛을 낸 '쇼유 라멘(醤油ラーメン)'과 돼지의 뼈를 우린 육수로 맛을 낸 '돈코쓰 라멘(豚骨ラーメン)'이 있습니다.

▲ 라멘

덮밥 요리

일본 음식 중에 저렴하고 편하게 먹을 수 있는 음식으로 덮밥류를 들 수 있습니다. 소고기를 간장으로 양념한 후 채소를 넣고 볶은 것이 올라간 '규동(牛丼)'과 튀김류를 올린 후에 간장 소스를 뿌려 먹는 '텐동(天丼)', 돈가스를 올린 '가쓰동(カツ丼)', 닭고기와 계란을 올린 '오야코동(親子丼)' 등이 있습니다.

▲ 규동

일본에서 라멘이나 덮밥 등을 파는 식당은 쉽게 찾을 수 있어, 일본 여행 중이라면 편하고 저렴하게 먹을 수 있습니다. 이러한 식당은 대부분 '식권기'를 사용하기 때문에 일본어가 서툴더라도 부담 없이 음식을 주문해 먹을 수 있습니다.

식권기 ▶

09

静かで、きれいな 部屋ですね。

조용하고 깨끗한 방이군요.

" 이 사람은 기무라 씨입니다.

기무라 씨는 성실하고 친절한 사람입니다.

그는 스포츠 중에서 축구를 가장 좋아합니다.

저도 축구를 좋아하는데, 별로 잘하지 못합니다.

この 人は 木村さんです。

木村さんは まじめで、親切な 人です。

彼は スポーツの 中で サッカーが 一番 好きです。

私も サッカーが 好きですが、あまり 上手では ありません。 "

기본 회화

 Track 48

キム	とても 静_{しず}かで、きれいな 部屋_{へや}ですね。あ、この 写真_{しゃしん}は？
木村	サッカーの 試合_{しあい}の 写真です。
キム	木村_{きむら}さんは サッカーが 好_すきですか。
木村	はい、好きですが、あまり 上手_{じょうず}では ありません。
	キムさんは スポーツの 中_{なか}で 何_{なに}が 一番_{いちばん} 好きですか。
キム	私_{わたし}は 水泳_{すいえい}が 一番 好きです。木村さんも 水泳が 好きですか。
木村	前_{まえ}は 好きでしたが、今_{いま}は サッカーの 方_{ほう}が 好きです。

静しずかで 조용하고 (기본형 : 静かだ) | きれいだ 예쁘다, 깨끗하다 | 部屋へや 방 | 写真しゃしん 사진 |

サッカーの 試合しあい 축구 시합 | ～が 好すきです ～을(를) 좋아합니다 (기본형 : 好きだ) |

上手じょうずだ 잘하다, 능숙하다 | スポーツ 스포츠(sports) | ～の 中なかで ～중에서 | 何なに 무엇 |

一番いちばん 가장, 제일 | 水泳すいえい 수영 | 前まえ 전, 앞 | [명사]＋の 方ほう ～의 쪽(편)

1 な형용사의 활용

종류	만드는 방법
기본형	~だ 예 まじめだ 성실하다
정중형	~だ + です 예 まじめです 성실합니다
부정형	~だ + では ありません (= じゃ ありません) 예 まじめでは ありません (= まじめじゃ ありません) 　　성실하지 않습니다
과거형	~だ + だった (반말체) 예 まじめだった 성실했다
	~だ + でした (정중체) 예 まじめでした 성실했습니다
과거 부정형	~だ + では ありませんでした (= じゃ ありませんでした) 예 まじめでは ありませんでした (= まじめじゃ ありませんでした) 　　성실하지 않았습니다
명사 수식	~だ → な + 명사 예 まじめな 学生 성실한 학생
부사형	~だ + に 예 まじめに 성실하게
연결형	~だ + で 예 まじめで 성실하고

2 だ + です ~ 합니다 [정중]

キムさんは とても きれいです。

交通が 便利ですね。
<small>こうつう</small>　<small>べんり</small>

3 だ → な + 명사 ~한 + 명사 [명사 수식]

静かな 部屋です。
<small>しず</small>　<small>へ や</small>

立派な ビルですね。
<small>りっ ぱ</small>

ソウルは とても にぎやかな 都市です。
<small>と し</small>

4 では ありません (= じゃ ありません) ~(지) 않습니다 [부정]

あの 店は あまり きれいでは ありません。
<small>みせ</small>

あの 人は 親切では ありません。
<small>ひと</small>　<small>しんせつ</small>

とても 매우, 아주 | きれいだ 예쁘다, 깨끗하다 | 交通こうつう 교통 | 便利べんりだ 편리하다 |

静しずかだ 조용하다 | 立派りっぱだ 훌륭하다 | ビル 빌딩 | にぎやかだ 번화하다 | 都市とし 도시 |

店みせ 가게 | 親切しんせつだ 친절하다

문법 포인트

5 ~が 好きです ~을(를) 좋아합니다 / ~が 上手です ~을(를) 잘합니다

日本語(にほんご)が 好(す)きです。(○) ― 日本語を 好きです。(×)

どんな タイプが 好きですか。(○) ― どんな タイプを 好きですか。(×)

英語(えいご)が 上手(じょうず)ですね。(○) ― 英語を 上手ですね。(×)

6 ~でした ~였습니다

部屋(へや)は とても 静(しず)かでした。

日本料理(にほんりょうり)が 好きでした。

7 명사 + の 方 ~(의) 쪽(편)

中国語(ちゅうごくご)より 日本語の 方(ほう)が 好きです。

水泳(すいえい)より サッカーの 方が 好きです。

どんな 어떤, 어떠한 | タイプ 타입 | 英語えいご 영어 |

上手じょうずだ 잘한다, 능숙하다 | 部屋へや 방 | 日本料理にほんりょうり 일본요리 |

中国語ちゅうごくご 중국어 | 水泳すいえい 수영 | サッカー 축구(soccer)

패턴 연습

1. 보기

旅行(りょこう)が 好(す)きですか。

→ <u>はい、好きです。</u>

<u>いいえ、好きでは ありません。</u>（＝ 好きじゃ ありません。）

1) あの レストランは きれいですか。

→ _____。

_____。

2) 交通(こうつう)は 便利(べんり)ですか。

→ _____。

_____。

2. 보기

木村(きむら)さんは まじめだ・ハンサムだ

→ <u>木村さんは まじめで、ハンサムです。</u>

1) 日本語(にほんご)の 先生(せんせい)は 親切(しんせつ)だ・きれいだ

→ _____。

2) この レストランは きれいだ・静(しず)かだ

→ _____。

旅行りょこう 여행 | レストラン 레스토랑 | 交通こうつう 교통 | まじめだ 성실하다 |

ハンサムだ 잘 생기다 | きれいだ 예쁘다, 깨끗하다

3. 보기

まじめだ・学生 → <u>まじめな 学生ですね。</u>

1) にぎやかだ・街

→ _____ 。

2) 親切だ・人

→ _____ 。

3) 有名だ・歌手

→ _____ 。

4. 보기

テストは 簡単でしたか。

→ <u>はい、簡単でした。</u>

<u>いいえ、簡単では ありませんでした。</u>（= 簡単じゃ ありませんでした。）

1) 山田さんは 元気でしたか。

→ _____ 。

_____ 。

2) キムさんが 好きでしたか。

→ _____ 。

_____ 。

5. な형용사를 활용별로 보기와 같이 완성하세요.

보기			
↓ 静^{しず}かだ 조용하다	便利^{べんり}だ 편리하다	有名^{ゆうめい}だ 유명하다	好^すきだ 좋아하다
静かです 조용합니다			
静かでは ありません 조용하지 않습니다			
静かでした 조용했습니다			
静かでは ありませんでした 조용하지 않았습니다			
静かな 部屋^{へや} 조용한 방	交通^{こうつう} 교통	歌手^{かしゅ} 가수	人^{ひと} 사람
静かに 조용히, 조용하게			
静かで 조용하고			

にぎやかだ 번화하다 | 街^{まち} 거리 | 親切^{しんせつ}だ 친절하다 | 有名^{ゆうめい}だ 유명하다 |

歌手^{かしゅ} 가수 | 簡単^{かんたん}だ 간단하다 | 元気^{げんき}だ 건강하다

여러 가지 な형용사

な형용사 어휘 정리

일본어	뜻	일본어	뜻
静<small>しず</small>かだ	조용하다	簡単<small>かんたん</small>だ	간단하다
まじめだ	성실하다, 진지하다	新鮮<small>しんせん</small>だ	신선하다
親切<small>しんせつ</small>だ	친절하다	有名<small>ゆうめい</small>だ	유명하다
にぎやかだ	번화하다	重要<small>じゅうよう</small>だ	중요하다
便利<small>べんり</small>だ	편리하다	だめだ	안 된다
不便<small>ふべん</small>だ	불편하다	元気<small>げんき</small>だ	건강하다
楽<small>らく</small>だ	편안하다, 쉽다	大丈夫<small>だいじょうぶ</small>だ	괜찮다
きれいだ	예쁘다, 깨끗하다	丈夫<small>じょうぶ</small>だ	튼튼하다
暇<small>ひま</small>だ	한가하다	ハンサムだ	잘 생기다
すてきだ	멋지다, 근사하다	心配<small>しんぱい</small>だ	걱정이다

好^すきだ	좋아하다	嫌^{きら}いだ	싫어하다
上手^{じょうず}だ	잘하다, 능숙하다	下手^{へた}だ	잘 못하다, 서투르다
得意^{とくい}だ	잘하다, 제일 자신 있다	苦手^{にがて}だ	잘 못하다, 질색이다

※ 〜が 好きだ ~을(를) 좋아하다

예 私^{わたし}は サッカーが 好きです。

〜が 上手だ ~을(를) 잘하다

예 私は 料理^{りょうり}が 上手です。

〜が 得意だ ~을(를) 잘하다

예 私は 英語^{えいご}が 得意です。

〜が 嫌いだ ~을(를) 싫어하다

예 私は サッカーが 嫌いです。

〜が 下手だ ~을(를) 못하다

예 私は 料理が 下手です。

〜が 苦手だ ~을(를) 못하다

예 私は 英語が 苦手です。

サッカー 축구 | 料理りょうり 요리 | 英語えいご 영어

독해·작문

읽어 봅시다!

キムさんとワンさんは学校の友達です。

クラスの中で一番仲がいいです。

二人はとても親しいですが、好みはぜんぜん違います。

キムさんは辛い料理が好きですが、ワンさんは嫌いです。

キムさんは野球とかサッカーが好きですが、

ワンさんは読書とか散歩の方が好きです。

友達ともだち 친구 | クラス (학교의) 반, 클래스(class) | ～の 中なかで ～중에서 | 仲なかが いい 사이가 좋다 |

二人ふたり 두 사람 | 親したしい 친하다 | 好このみ 취향 | ぜんぜん 違ちがいます 전혀 다릅니다 |

辛からい 맵다 | 野球やきゅう 야구 | ～が ～(이)지만 (접속조사) | ～とか ～라든가 | 読書どくしょ 독서 |

散歩さんぽ 산책

일본어로 써 봅시다!

1. 아주 성실한 학생이군요.

_____

2. 이 가게는 조용하고 깨끗하군요.

_____

3. 교통은 편리했습니까? / 아니요, 별로 편리하지 않았습니다.

_____

3. 交通(こうつう)は 便利(べんり)でしたか。 / いいえ、あまり 便利(べんり)じゃ ありませんでした。

정답 1. とても まじめな 学生(がくせい)ですね。　　2. この 店(みせ)は 静(しず)かで、きれいですね。

118

한자 연습

🍵 한자 즐기기

天気 날씨 → 元気 건강, 기운

てん 天 천
でん 電 전

き 気 기

げん 元 원
ほん 本 본

電気 전기 ↑↑ 本気 진심, 본심

🖌 써 봅시다!

ちゅうごくご 中国語 중국어	中国語			
こうつう 交通 교통	交通			
へや 部屋 방	部屋			
しゃしん 写真 사진	写真			
かしゅ 歌手 가수	歌手			
やきゅう 野球 야구	野球			

듣기 연습

A. 두 사람의 대화를 듣고 木村 씨는 어떤 여성을 좋아하는지 1~4 중에서 고르세요.

Track 50

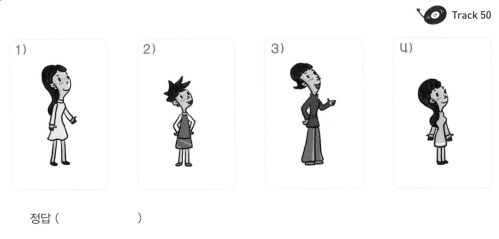

1)   2)   3)   ц)

정답 (　　　　　　　)

B. 내용을 잘 듣고 그림과 일치하면 ○, 일치하지 않으면 ×를 넣으세요.　　Track 51

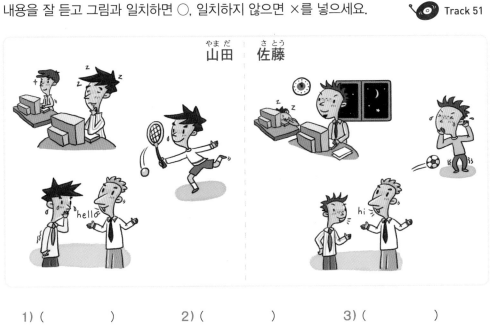

山田　佐藤

1) (　　　　　)　　　2) (　　　　　)　　　3) (　　　　　)

회화 플러스

Track 52

1. 형용사의 현재형 질문

➡ **～は どうですか。** ～은(는) 어떻습니까?

예 日本語の 勉強は どうですか。 일본어 공부는 어떻습니까?

→ ① とても おもしろいです。 참 재미있습니다.

② あまり おもしろく ありません。 별로 재미없습니다.

（＝ あまり おもしろく ないです。）

③ おもしろいですが、ちょっと 難しいです。 재미있지만, 좀 어렵습니다.

④ おもしろくて 簡単です。 재미있고 간단합니다.

2. 과거형 질문

➡ **～は どうでしたか。** ～은(는) 어땠습니까?

예 映画は どうでしたか。 영화는 어땠습니까?

→ ① とても おもしろかったです。 참 재미있었습니다.

② あまり おもしろく ありませんでした。 별로 재미없었습니다.

（＝ あまり おもしろく なかったです。）

| 아래 낱말을 써서 밑줄 친 부분과 바꿔서 말해보세요. |

この 本ほん 이 책 | その 映画えいが 그 영화 | 旅行りょこう 여행 | テスト 시험 | 天気てんき 날씨 |

こわい 무섭다 | 悲かなしい 슬프다 | 楽たのしい 즐겁다 | 難むずかしい 어렵다 | いい 좋다

※ いいの 과거 / 과거 부정 → よかったです / よく ありませんでした（＝よく なかったです）

● 일본의 주택 형태와 구조

일본의 주택은 크게 단독주택, 맨션, 아파트로 나눌 수 있는데, 맨션과 아파트를 구분하는 방법이 우리나라와는 조금 다릅니다. 철근과 콘크리트로 지은 중, 고층의 주택을 맨션이라고 하고, 경량 철골을 사용한 저층의 목조 주택을 아파트라고 합니다.

맨션 ▶

▲ 아파트

집의 구조를 나타낼 때는 3LDK와 같이 말합니다. 이는 방 세 개(3)와 거실(Living room), 식사 공간(Dining room), 부엌(Kitchen)이 있다는 뜻입니다. 방의 크기는 너비 90cm, 길이 180cm 의 다다미(畳) 면적을 기준으로 말합니다. 예를 들어 다다미 6장 크기의 방을 말할 때는 '6조 방'이 라고 합니다.

다다미 6조 방 ▶

일본식 방에는 '도코노마(床の間)'라고 하여 방 한쪽에 바닥보다 조금 높은 공간을 만들어 벽에는 족자를 걸고 꽃이나 장식물을 장식하는데, 보통 손님을 맞이하는 응접실을 이렇게 꾸밉니다. 그리고 4면의 벽 중 한 곳에 '오시이레(押入れ)'라는 벽장을 두어 옷이나 이불 등을 수납합니다.

도코노마와 오시이레가 있는 일본식 방 ▶

다다미 방은 난방에 어려움이 있기 때문에 겨울철에는 전기히터가 딸린 테이블에 이불을 덮은 형태의 '고타쓰(こたつ)'라는 난방 기구를 사용합니다. 일본인들은 겨울이 되면 온 가족이 고타쓰 둘레에 모여 앉아 과일을 먹기도 하고 차를 마시며 생활합니다.

고타쓰에 둘러앉은 가족 ▶

10

<ruby>日本語<rt>に ほん ご</rt></ruby><ruby>学校<rt>がっこう</rt></ruby>は
どこですか。

일본어 학교는 어디입니까?

포인트 스피치　Track 53

" 우리 학교는 역 근처에 있습니다.

S은행 옆에 있습니다.

학교 앞에는 공원이 있습니다.

사토 씨는 지금 공원에 있습니다.

うちの <ruby>学校<rt>がっこう</rt></ruby>は <ruby>駅<rt>えき</rt></ruby>の <ruby>近<rt>ちか</rt></ruby>くに あります。

S<ruby>銀行<rt>ぎんこう</rt></ruby>の <ruby>隣<rt>となり</rt></ruby>に あります。

<ruby>学校<rt>がっこう</rt></ruby>の <ruby>前<rt>まえ</rt></ruby>には <ruby>公園<rt>こうえん</rt></ruby>が あります。

<ruby>佐藤<rt>さ とう</rt></ruby>さんは <ruby>今<rt>いま</rt></ruby> <ruby>公園<rt>こうえん</rt></ruby>に います。"

Track 54

イ	あの、すみません。ダイスキ日本語学校は どこですか。
キム	あの 銀行の 隣に あります。
	私は その 学校の 学生ですが…。
イ	あ、そうですか。
	ひとクラスに 学生は 何人ぐらい いますか。
キム	約15人ぐらい います。
イ	そうですか。受付は 何階に ありますか。
キム	一階に あります。
イ	ありがとうございました。

学校がっこう 학교 | どこ 어디 | 銀行ぎんこう 은행 | 隣となり 옆, 이웃 | [장소]＋に ~에 |

あります 있습니다 (무생물) | ひとクラス 한 반 | 何人なんにん 몇 명 | ～ぐらい ~정도 | 約やく 약~ |

受付うけつけ 접수처, 카운터 | 何階なんがい 몇 층 | 一階いっかい 1층 |

ありがとうございました 감사합니다 (과거) |

1 あります・います 있습니다

	긍정문	부정문
사물·식물	あります	ありません
사람·동물	います	いません

2 위치 명사

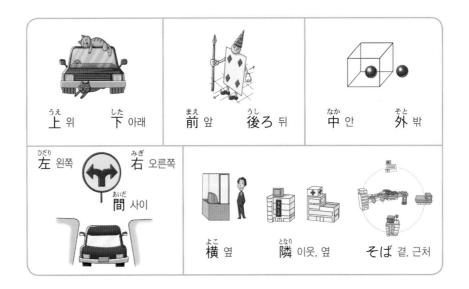

上 위   下 아래

前 앞   後ろ 뒤

中 안   外 밖

左 왼쪽   右 오른쪽

間 사이

横 옆   隣 이웃, 옆   そば 곁, 근처

3 ～に + あります・います ～에 + 있습니다

本屋は どこに ありますか。

山田さんは どこに いますか。

かばんは 椅子の 上に あります。

④ **〜の 〜に 〜が あります・います** ～의 ～에 ～이(가) 있습니다

机の 上に 辞書が あります。

教室の 中に 学生が います。

公園の 後ろに 山が あります。

5 **横・隣・そば** 옆, 이웃, 곁

本棚の 横に テレビが あります。

デパートの 隣に 銀行が あります。

コンビニは 駅の そばに あります。

本屋ほんや 서점, 책방 | かばん 가방 | 椅子いす 의자 | 上うえ 위 | 机つくえ 책상 | 辞書じしょ 사전 |

教室きょうしつ 교실 | 公園こうえん 공원 | 山やま 산 | 本棚ほんだな 책장 | 横よこ 옆 | テレビ 텔레비전 |

デパート 백화점 | 隣となり 옆, 이웃 | 銀行ぎんこう 은행 | コンビニ 편의점 | 駅えき 역 | そば 곁, 옆

패턴 연습

1.

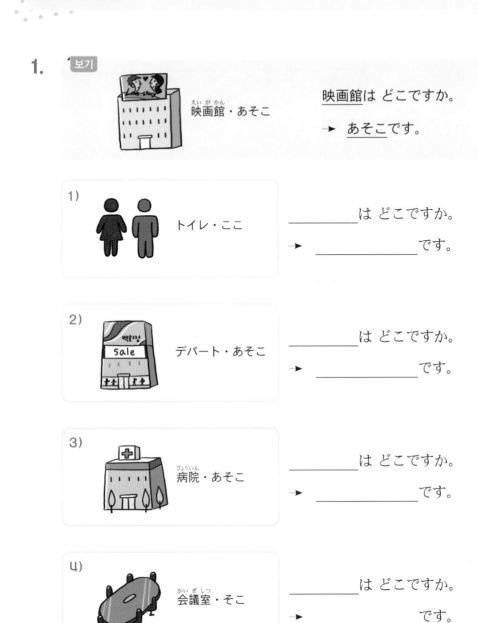

映画館・あそこ

映画館は どこですか。
→ あそこです。

1) トイレ・ここ

_____は どこですか。
→ _____です。

2) デパート・あそこ

_____は どこですか。
→ _____です。

3) 病院・あそこ

_____は どこですか。
→ _____です。

4) 会議室・そこ

_____は どこですか。
→ _____です。

映画館えいがかん 영화관 | トイレ 화장실 | デパート 백화점 | 病院びょういん 병원 |

会議室かいぎしつ 회의실

2. 보기

机（<ruby>机<rt>つくえ</rt></ruby>）・<ruby>上<rt>うえ</rt></ruby>

りんごは どこに ありますか。

→ <u>机の 上に あります。</u>

1)

<ruby>椅子<rt>いす</rt></ruby>・<ruby>下<rt>した</rt></ruby>

<ruby>猫<rt>ねこ</rt></ruby>は どこに いますか。

→ _____。

2)

<ruby>山田<rt>やまだ</rt></ruby>さん・<ruby>隣<rt>となり</rt></ruby>

キムさんは どこに いますか。

→ _____。

3)

<ruby>学校<rt>がっこう</rt></ruby>・<ruby>前<rt>まえ</rt></ruby>

<ruby>車<rt>くるま</rt></ruby>は どこに ありますか。

→ _____。

4)

かばん・<ruby>中<rt>なか</rt></ruby>

<ruby>辞書<rt>じしょ</rt></ruby>は どこに ありますか。

→ _____。

椅子いす 의자 | **猫**ねこ 고양이 | **隣**となり 옆, 이웃 | **学校**がっこう 학교 | **車**くるま 차, 자동차 | **かばん** 가방 |

辞書じしょ 사전

패턴 연습

3.

1) 机の (　　　　　　) に 眼鏡が あります。

2) 椅子の (　　　　　　) に 新聞が あります。

3) ノートは かばんの (　　　　　) に (　　　　　)。

4) ベッドの (　　　　　) に 雑誌が あります。

5) 猫は テレビの (　　　　) に (　　　　)。

6) (　　　　　) は テレビの 上に あります。

7) 箱の (　　　　　) に 靴が あります。

8) 本棚は テレビの (　　　　　) に あります。

机つくえ 책상 | 眼鏡めがね 안경 | 椅子いす 의자 | 新聞しんぶん 신문 | ノート 노트(note) | ベッド 침대(bed) |

雑誌ざっし 잡지 | 猫ねこ 고양이 | テレビ 텔레비전 | 箱はこ 상자 | 靴くつ 신발, 구두 | 本棚ほんだな 책장

독해·작문

 읽어 봅시다!

木村さんの家は、イデ駅のそばにあります。

部屋は広くて、とてもきれいです。

部屋の中に、本棚やテレビやテーブルなどがあります。

テーブルの上には、本とノートがあります。

そして、椅子の下に猫がいっぴきいます。

家いえ 집 | イデ駅えき 이대 역 | そば 곁, 근처, 옆 | 部屋へや 방 | 広ひろい 넓다 |

きれいだ 깨끗하다, 예쁘다 | 本棚ほんだな 책장 | テーブル 테이블(table) | ~や ~や ~など ~랑 ~랑 ~등 |

そして 그리고 | いっぴき 한 마리

✏️ 일본어로 써 봅시다!

1. 저, 실례합니다. 백화점은 어디입니까? / 저기입니다.

_____

2. 시계는 어디에 있습니까? / 책상 위에 있습니다.

_____

3. 공원 앞에 차가 있습니다.

_____

3. 公園(こうえん)の 前(まえ)に 車(くるま)が あります。
2. 時計(とけい)は どこに ありますか。/ 机(つくえ)の 上(うえ)に あります。
정답 1. あの、すみません。デパートは どこですか。/ あそこです。

한자 연습

🍵 한자 즐기기

✒️ 써 봅시다!

公園 공원	公園		
教室 교실	教室		
受付 접수처, 카운터	受付		
駅 역	駅		
家 집	家		
本棚 책장	本棚		

듣기 연습

A. 내용을 듣고 빈칸에 올바른 말을 넣어 문장을 완성하세요. Track 56

1) スーパーは どこ　　　　　　　ありますか。

2) 学校　　　　　前　　　　　車　　　　　あります。

3) キムさんは 教室に　　　　　　。

4) 椅子の　　　　　　に 新聞が あります。

B. 내용을 듣고 일치하면 ○, 일치하지 않으면 ×를 넣으세요. Track 57

1) (　　　　) 2) (　　　　) 3) (　　　　) 4) (　　　　)

회화 플러스

1. 좋아하는 타입

➡ **どんな タイプが 好^すきですか。** 어떤 타입을 좋아합니까?

 どんな タイプが 好きですか。 어떤 타입을 좋아합니까?

➡ ① まじめで 優^{やさ}しい タイプが 好きです。 성실하고 자상한 타입을 좋아합니다.

② 背^せが 高^{たか}くて ハンサムな タイプが 好きです。
키가 크고 잘 생긴 타입을 좋아합니다.

| 아래 낱말을 써서 밑줄 친 부분과 바꿔서 말해보세요. |

背^せが 低^{ひく}い 키가 작다 | かわいい 귀엽다 | おもしろい 재미있다 | 明^{あか}るい 밝다 |

髪^{かみ}が 長^{なが}い 머리가 길다 | 髪が 短^{みじか}い 머리가 짧다 | 性格^{せいかく}が いい 성격이 좋다 |

頭^{あたま}が いい 머리가 좋다 | 目^めが 大^{おお}きい 눈이 크다 | 親切^{しんせつ}だ 친절하다 |

楽^{らく}だ 편안하다 | きれいだ 예쁘다, 깨끗하다 | 男^{おとこ}らしい 남자답다 | 女^{おんな}らしい 여성스럽다

2. 존재 여부(사람)

➡ **彼氏^{かれし} いますか。** 남자 친구 있습니까?

 彼氏 いますか。 남자 친구 있습니까?

➡ ① はい、います。 예, 있습니다.

② いいえ、いません。 아니요, 없습니다.

| 아래 낱말을 써서 밑줄 친 부분과 바꿔서 말해보세요. |

 彼女^{かのじょ} 여자 친구 | 恋人^{こいびと} 애인 | 日本人^{にほんじん}の 友達^{ともだち} 일본인 친구

쉬어가기

● 도쿄의 전철

일본, 특히 도쿄의 전철은 복잡하기로 유명합니다. 여러 노선이 얽혀 있고, 전철과 지하철이 구분되는데, 전철은 지상으로만 다니고 지하철은 지하로만 다닙니다. 역의 이름이 같아도 전철인지 지하철인지에 따라 역의 입구가 달라질 수 있기 때문에, 일본 여행을 간다면 역의 이름뿐 아니라 전철 역인지 지하철 역인지도 확인해야 합니다.

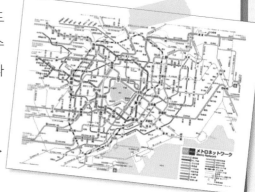

도쿄 지하철(도쿄 메트로) 노선도 ▶

노선이 많은 만큼 노선을 운영하는 회사도 많기 때문에 운임의 계산 방식이나 환승이 매우 복잡한 것도 사실입니다. 하지만 노선이 많다는 것은 그만큼 가는 곳도 많다는 것입니다. 내가 가야할 곳을 알고, 타야 하는 전철의 노선, 갈아타는 곳, 가는 방향을 확실하게 안다면 전철과 지하철을 이용하여 어디든 갈 수 있다는 장점도 있습니다.

교통카드로는 일본 전국에서 사용이 가능한 선불식 교통카드인 '스이카(Suica) 카드', '파스모(Pasmo) 카드' 외에 지역에 따라 사용 가능한 지역별 ic 카드가 있습니다. 지역별 ic 카드로는 간사이 지역의 '이코카(Ikoka) 카드', 홋카이도 지역의 '키타카(Kitaka) 카드', 규슈 지역의 '스고카(Sugoka) 카드' 등이 있습니다. 모든 카드는 충전식으로 사용 가능하고, 카드의 마크가 표시된 편의점이나 음식점에서도 사용할 수 있습니다.

일본 여행을 계획하고 있다면 가는 지역에 맞춰 가장 유용하게 사용할 수 있는 카드를 구입하는 것이 좋습니다.

▲ 스이카 카드

Memo

 부록

3과 듣기 연습 • 047

A

① はじめまして。わたしは キムです。
わたしは 軍人で、韓国人です。
どうぞ よろしく おねがいします。

② 山田さんは 医者ですか。
いいえ、わたしは 医者では ありません。
会社員です。

③ あなたは 日本人ですか。
はい、わたしは 日本人です。

④ こちらは イさんです。
イさんは 学生では ありません。
先生です。

정답

① 軍人・韓国人   ② 医者・医者・会社員

③ 日本人・日本人   ④ 学生・先生

B

① はじめまして。私は キム・ミンヒと 申します。私は 韓国人です。

② はじめまして。私は ブラウンと 申します。私は アメリカ人です。

③ はじめまして、私は チンと 申します。私は 中国人です。

④ はじめまして、私は 山田と 申します。私は 日本人です。

정답

① ○   ② ×   ③ ×   ④ ×

4과 듣기 연습 • 057

A

①
A: すみません、その 本は 誰のですか。
B: この 本は 先生のです。

②
A: すみません、これは 誰の 新聞ですか。
B: それは キムさんのです。

③
A: 鈴木さん、この かばんは 山田さんのですか。
B: はい、そうです。

④
A: すみません、あの 傘は キムさんのですか。
B: いいえ、あの 傘は キムさんのでは ありません。青木さんのです。

정답

① 先生の   ② キムさんの

③ 山田さんの   ④ 青木さんの

B

①
A: これは 何ですか。
B: それは 眼鏡です。

❷

A: これは 何_{なん}ですか。

B: それは 椅子_{い す}です。

❸

A: あれは 何ですか。

B: あれは 雑誌_{ざっ し}です。

❹

A: それは 何ですか。

B: これは 机_{つくえ}です。

> **정답**

❶ ✕   ❷ ◯   ❸ ✕   ❹ ✕

5과 듣기 연습 • 067

A

▸**보기**

A: あの、すみません、今_{いま} 何時_{なん じ}ですか。
B: 3時 35分_{さん さんじゅうごふん}です。

A: ありがとうございます。

❶

A: あの、すみません、今 何時ですか。

B: 4時_よ ちょうどです。

A: ありがとうございます。

❷

A: あの、すみません、今 何時ですか。

B: 6時 55分_{ろく ごじゅうご}です。

A: ありがとうございます。

---

❸

A: あの、すみません、今 何時ですか。

B: 12時 15分_{じゅうに じゅうご}です。

A: ありがとうございます。

❹

A: あの、すみません、今 何時ですか。

B: 9時 半_{く はん}です。

A: ありがとうございます。

> **정답**

❶ よじ ちょうど

❷ ろくじ ごじゅうごふん

❸ じゅうにじ じゅうごふん

❹ くじ はん

B

❶ 学校_{がっこう}は 9時から 12時までです。

❷ テストは 9時から 10時 半_{じゅう}までです。

❸ スーパーは 午前_{ご ぜん}10時から 午後_{ご ご}10時までです。

❹ 映画_{えい が}は 午後 2時_にから 4時 30分_{よ さんじゅっぷん}までです。

> **정답**

❶ ✕   ❷ ◯   ❸ ✕   ❹ ✕

6과 듣기 연습 • 077

A

❶ 明日_{あした}は 4月13日_{しがつじゅうさんにち}です。

❷ キムさんの 誕生日_{たんじょう び}は 11月30日_{じゅういち さんじゅう}です。

③ テストは 木曜日からです。

④ 学校の 休みは 6月20日です。

> **정답**

① 4(月) 13(日)　　② 11(月) 30(日)

③ 木曜日　　④ 6(月) 20(日)

B

① 今日は 9月1日 水曜日です。

② 9月14日は 木村さんの 誕生日です。

③ テストは 9月7日から 9日までです。

④ 休みは 9月11日から 16日までです。

> **정답**

❶ ○　　❷ ×　　❸ ○　　❹ ×

7과 **듣기 연습 • 088**

A

① 日本語の 本は 800円です。

② ノートは 400円です。

③ ペンは 250円です。

④ 鉛筆は 200円です。

> **정답**

❶ ×　　❷ ○　　❸ ○　　❹ ×

B

店員　いらっしゃいませ。

山田　あの、すみません。

　　　この ケーキは いくらですか。

店員　500円です。

山田　ハンバーガーは いくらですか。

店員　650円です。

山田　では、コーラは？

店員　200円です。

山田　ジュースも 200円ですか。

店員　いいえ、ジュースは 300円です。

山田　あ、そうですか。コーラが 一番 安いですね。

　　　では、ケーキと コーラを ください。

> **정답**

❶ (b)　　❷ (c)　　❸ (d)　　❹ (a)

8과 **듣기 연습 • 104**

A

私は 日本語の 勉強は はじめてですが、

日本人の 友達は (❶ 多い)です。

日本語は ちょっと (❷ 難しい)ですが、

とても (❸ おもしろい)です。

昨日は 学校の テストでした。

テストは (❹あまり) 難しく ありませんでした。

> **정답**

❶ 多い　　❷ 難しい

❸ おもしろい　　❹ あまり

B

❶ 山田さんは 背が 高いですが、鈴木さんは 背が 低いです。

❷ 山田さんの カメラは 大きいですが、鈴木さんの カメラは 小さいです。

❸ 山田さんは 髪が あまり 長く ありません。短いです。

❹ 山田さんの 時計は 鈴木さんのより 安いです。

❶ ○   ❷ ×   ❸ ×   ❹ ×

9과 듣기 연습 • 120

A

木村 キムさんは どんな タイプが 好きですか。

キム 私は 背が 低くて かわいい タイプが 好きです。木村さんは どんな タイプが 好きですか。

木村 私は 背が 高くて 髪が 長い タイプが 好きです。

①

B

❶ 山田さんは あまり まじめじゃ ありません。

❷ 山田さんは スポーツが 好きじゃ ありません。

❸ 佐藤さんは 英語が 上手です。

❶ ○   ❷ ×   ❸ ○

10과 듣기 연습 • 133

A

❶ スーパーは どこ(に) ありますか。

❷ 学校(の) 前(に) 車(が) あります。

❸ キムさんは 教室に (います)。

❹ 椅子の (下)に 新聞が あります。

❶ に   ❷ の/に/が

❸ います   ❹ 下

B

❶ 銀行の 前に 本屋が あります。

❷ 銀行の 隣に デパートが あります。

❸ 木の 下に 犬が いっぴき います。

❹ デパートの 後ろに 公園が あります。

❶ ×   ❷ ○   ❸ ×   ❹ ×

본문 해석

3과

기본 회화 ●041

기무라   처음 뵙겠습니다. 저는 기무라라고 합니다.

김   처음 뵙겠습니다. 저는 김수아입니다.
    잘 부탁합니다.

기무라   저야말로 잘 부탁합니다.

김   기무라 씨는 학생입니까?

기무라   아니요. 저는 학생이 아닙니다. 회사원입니다.

독해·작문 ●045

처음 뵙겠습니다. 저는 김수아라고 합니다.
저는 한국인이고 대학생입니다.
이분은 다나카 씨입니다. 다나카 씨는 일본인입니다.
다나카 씨는 대학생이 아닙니다. 회사원입니다.
이쪽은 왕 씨입니다. 왕 씨는 중국인이고, 군인입
니다.

4과

기본 회화 ●051

기무라   김 씨, 이것은 무엇입니까?

김   그것은 디지털카메라입니다.

기무라   이것은 누구의 디지털카메라입니까?

김   그것은 이 씨의 것입니다.

기무라   저것도 이 씨의 것입니까?

김   아니요. 저것은 이 씨의 것이 아닙니다. 제 것입
니다.

기무라   그런데, 저 사람은 누구입니까?

김   저 사람은 박 씨입니다. 박 씨는 제 친구입니다.

독해·작문 ●055

김 씨와 다나카 씨는 일본어 선생님입니다.
두 사람은 친구입니다.
이 일본어 책은 김 씨의 것이고,
저 일본어 사전은 다나카 씨의 것입니다.
저 잡지도 다나카 씨의 것입니다.

5과

기본 회화 ●061

야마다   김 씨, 오래간만입니다.

김   아, 야마다 씨, 오랜만입니다.

야마다   김 씨 회사는 이 근처입니까?

김   네, 그렇습니다.

야마다   회사는 몇 시부터 몇 시까지입니까?

김   오전 9시 10분부터 오후 7시까지입니다.

독해·작문 ●065

우리 회사는 오전 8시 반부터 오후 6시 반까지입
니다.
내일은 회의가 있습니다. 회의는 9시부터 11시까지
입니다.
회의 후에는 야마다 씨와 식사 약속이 있습니다.
야마다 씨는 저의 친구이고, 은행원입니다.
은행은 오전 9시부터 오후 4시까지입니다.

6과

기본 회화 • 071

선생님   여러분, 오늘은 몇 월 며칠 무슨 요일입니까?

학생들   오늘은 5월 6일 화요일입니다.

선생님   어제는요?

학생들   5월 5일 월요일이었습니다.

선생님   어제는 어린이날이었죠?

        그럼, 내일은 몇 월 며칠 무슨 요일입니까?

김   내일은 5월 7일 수요일입니다. 왕 씨의 생일입니다.

선생님   그래요?

        왕 씨, 생일 축하합니다.

독해·작문 • 075

제 생일은 4월 6일입니다. 어제는 저의 생일이었습니다.

저는 대학교 3학년이고, 취미는 테니스입니다.

다나카 씨는 저의 친구입니다. 다나카 씨의 생일은 9월 14일입니다.

대학교 4학년이고 취미는 수영입니다.

내일부터 학교 시험입니다. 시험은 월요일부터 목요일까지입니다.

7과

기본 회화 • 081

점원   어서 오세요.

야마다   저기, 실례합니다. 이 치즈케이크, 얼마입니까?

점원   500엔입니다.

야마다   좀 비싸네요. 커피는 얼마입니까?

점원   커피는 350엔입니다.

야마다   그럼, 커피와 치즈케이크를 주세요.

        그리고 이 쿠키도 하나 부탁합니다.

점원   네, 전부 합해서 950엔입니다.

독해·작문 • 086

이 가게는 조금 비싸지만 물건은 매우 좋습니다.

스웨터와 블라우스는 4,500엔입니다.

둘 다 M사이즈입니다.

스커트는 3,600엔입니다.

바지는 비싼 것도 있지만, 스커트보다는 쌉니다.

8과

기본 회화 • 093

기무라   김 씨, 오늘은 그다지 덥지 않네요.

김   네, 어제보다는 시원하네요.

기무라   김 씨, 요즘 일본어 공부는 어떻습니까?

김   조금 어렵습니다만, 매우 재미있습니다.

        한국어 공부는 어떻습니까?

기무라   영어보다 재미있고 간단합니다.

김   그거 잘됐네요.

        아, 어제는 시험이었죠. 어땠습니까?

기무라   시험은 어려웠습니다.

독해·작문 • 102

김 씨와 저는 가장 사이가 좋은 친구입니다.

김 씨는 매우 귀엽고 상냥한 타입입니다.

어제는 김 씨의 생일이었습니다.

그래서 친구와 파티를 했습니다.

파티는 정말로 즐거웠습니다.

본문 해석

9과

기본 회화 • 109

김 　 정말 조용하고 깨끗한 방이군요. 아, 이 사진은?

기무라 　 축구 시합 사진입니다.

김 　 기무라 씨는 축구를 좋아합니까?

기무라 　 네, 좋아합니다만, 그다지 잘하지 못합니다.
　　　　 김 씨는 스포츠 중에서 무엇을 가장 좋아합니까?

김 　 저는 수영을 가장 좋아합니다. 기무라 씨도 수영
　　 을 좋아합니까?

기무라 　 전에는 좋아했습니다만, 지금은 축구 쪽을 좋아
　　　　 합니다.

독해·작문 • 118

> 김 씨와 왕 씨는 학교 친구입니다.
> 반에서 가장 사이가 좋습니다.
> 두 사람은 정말로 친합니다만, 취향은 전혀 다릅니다.
> 김 씨는 매운 요리를 좋아합니다만, 왕 씨는 싫어
> 합니다.
> 김 씨는 야구와 축구를 좋아합니다만,
> 왕 씨는 독서와 산책을 좋아합니다.

10과

기본 회화 • 125

이 　 저기, 실례합니다. 다이스키 일본어 학교는 어디
　　 입니까?

김 　 저기 은행 옆에 있습니다.
　　 저는 그 학교의 학생입니다만….

이 　 아, 그렇습니까?
　　 한 반에 학생은 몇 명 정도 있습니까?

김 　 약 15명 정도 있습니다.

이 　 그렇습니까? 접수처는 몇 층에 있습니까?

김 　 1층에 있습니다.

이 　 감사합니다.

독해·작문 • 131

> 기무라 씨의 집은 이대 역 근처에 있습니다.
> 방은 넓고 매우 깨끗합니다.
> 방 안에 책장이랑 텔레비전이랑 테이블 등이 있습
> 니다.
> 테이블 위에는 책과 노트가 있습니다.
> 그리고 의자 아래에 고양이가 한 마리 있습니다.

문법 정리 포인트

3과~5과

1. 자기 소개

A はじめまして。私は 山田と 申します。 처음 뵙겠습니다. 저는 야마다라고 합니다.

B はじめまして。私は 木村です。 처음 뵙겠습니다. 저는 기무라입니다.

A どうぞ よろしく おねがいします。 잘 부탁합니다.

B こちらこそ どうぞ よろしく。 저야말로 잘 부탁합니다.

2. 〜は 〜です。 ~은(는) ~입니다.

〜は 〜ですか。 ~은(는) ~입니까?

〜は 〜では ありません。 ~은(는) ~이(가) 아닙니다.

예 キムさんは 会社員ですか。 김 씨는 회사원입니까?

→ はい、私は 会社員です。 네, 저는 회사원입니다.

いいえ、私は 会社員では ありません。 아니요, 저는 회사원이 아닙니다.

(〜では ありません = 〜じゃ ありません)

3. これは 何ですか。 이것은 무엇입니까?

これ 이것	それ 그것	あれ 저것	どれ 어느 것

예 これは 何ですか。 이것은 무엇입니까?

→ それは 辞書です。 그것은 사전입니다.

4. ～の

① (명사)의 (명사), ～의

예 私の 本 나의 책 (の를 해석)

日本語の 先生 일본어 선생 (の를 해석하지 않음)

② ～(의) 것

예 これは あなたのですか。 이것은 당신의 것입니까?

→ いいえ、それは 私のでは ありません。 山田さんのです。

아니요, 그것은 저의 것이 아닙니다. 야마다 씨의 것입니다.

5. 今 何時ですか。 지금 몇 시입니까?

(ちょうど 정각・前 ～전・半 반)

예 今 何時ですか。 지금 몇 시입니까?

→ 5時 10分 前です。 5시 10분 전입니다.

1. 해/날짜/개수/금액

	年(년)	月(월)	日(일)	~개	~円(엔)
1	いちねん	いちがつ	ついたち	ひとつ	いちえん
2	にねん	にがつ	ふつか	ふたつ	にえん
3	さんねん	さんがつ	みっか	みっつ	さんえん
4	よねん	しがつ	よっか	よっつ	よえん
5	ごねん	ごがつ	いつか	いつつ	ごえん
6	ろくねん	ろくがつ	むいか	むっつ	ろくえん
7	ななねん	しちがつ	なのか	ななつ	ななえん
8	はちねん	はちがつ	ようか	やっつ	はちえん
9	きゅうねん	くがつ	ここのか	ここのつ	きゅうえん
10	じゅうねん	じゅうがつ	とおか	とお	じゅうえん
11	じゅういちねん	じゅういちがつ	じゅういちにち	じゅういち	じゅういちえん
12	じゅうにねん	じゅうにがつ	じゅうににち	じゅうに	じゅうにえん
。	。	。	。	。	。
14	じゅうよねん	。	じゅうよっか	じゅうよん	ひゃくえん (100엔)
。	。	。	。	。	。
20	にじゅうねん	。	はつか	にじゅう	せんえん (1000엔)
。	。	。	。	。	。
24	にじゅうよねん	。	にじゅうよっか	にじゅうよん	いちまんえん (1만 엔)
。	。	。	。	。	。
몇~	なんねん	なんがつ	なんにち	いくつ	いくら

2. 요일

무슨 요일	일	월	화	수	목	금	토
何曜日	日曜日	月曜日	火曜日	水曜日	木曜日	金曜日	土曜日
なんようび	にちようび	げつようび	かようび	すいようび	もくようび	きんようび	どようび

3. 숫자

	1~9	10~90	100~900	1000~9000	10000~90000
1	いち	じゅう	ひゃく	せん	いちまん
2	に	にじゅう	にひゃく	にせん	にまん
3	さん	さんじゅう	さんびゃく	さんぜん	さんまん
4	し・よん	よんじゅう	よんひゃく	よんせん	よんまん
5	ご	ごじゅう	ごひゃく	ごせん	ごまん
6	ろく	ろくじゅう	ろっぴゃく	ろくせん	ろくまん
7	しち・なな	ななじゅう	ななひゃく	ななせん	ななまん
8	はち	はちじゅう	はっぴゃく	はっせん	はちまん
9	きゅう・く	きゅうじゅう	きゅうひゃく	きゅうせん	きゅうまん

4. 문법 정리

① お誕生日は いつですか。 생일이(은) 언제입니까?

> 예　**A** お誕生日は いつですか。 생일이(은) 언제입니까?
> **B** 4月13日です。 4월 13일입니다.

② 今日は 何月何日ですか。 오늘은 몇 월 며칠입니까?

> 예　**A** 今日は 何月何日ですか。 오늘은 몇 월 며칠입니까?
> **B** 10月1日です。 10월 1일입니다.

③ 何年生まれですか。 몇 년생입니까?

> 예　**A** 何年生まれですか。 몇 년생입니까?
> **B** 1994年生まれです。 1994년생입니다.

④ 何年生ですか。 몇 학년입니까?

> 예　**A** 何年生ですか。 몇 학년입니까?
> **B** 大学4年生です。 대학 4학년입니다.

⑤ 全部で いくらですか。 전부 해서 얼마입니까?

> 예　**A** 全部で いくらですか。 전부 해서 얼마입니까?
> **B** 6300円です。 6300엔입니다.

⑥ あの、すみません。 この ＿＿＿は いくらですか。

　저, 실례합니다. 이 ＿＿＿는 얼마입니까?

> 예　**A** あの、すみません。 この ケーキは いくらですか。
> 　저, 실례합니다. 이 치즈케이크는 얼마입니까?
> **B** 4000円です。 4000엔입니다.

5. 조사 정리

① ~は(wa) ~은(는)

예 私は 銀行員です。 나는 은행원입니다.

② ~が ~이(가)

예 どれが 私のですか。 어느 것이 나의 것입니까?

③ ~も ~도, ~역시

예 私も 会社員です。 나도 회사원입니다.

④ ~と ~와(과)

예 キムさんと 山田さんは 医者です。 김 씨와 야마다 씨는 의사입니다.

⑤ ~の (1) ~의 (2) ~의 것

예 これは 私の 時計です。 이것은 나의 시계입니다.

それは 誰のですか。 그것은 누구의 것입니까?

⑥ ~から ~まで ~부터 ~까지

예 会議は 何時から 何時までですか。 회의는 몇 시부터 몇 시까지입니까?

⑦ ~を ~을(를)

예 コーヒーと ジュースを ください。 커피와 주스를 주세요.

1. い형용사 활용표

기본형 ~이다	~です형 ~(입)니다	~부정형 ~지 않습니다	명사 수식 ~한 + N	~くて ~이고	과거형 ~했습니다	과거 부정형 ~지 않았습니다
たか 高い	高いです	高く ありません	高い + N	高くて	高かったです	高く ありませんでした
ひろ 広い	広いです	広く ありません	広い + N	広くて	広かったです	広く ありませんでした
あつ 暑い	暑いです	暑く ありません	暑い + N	暑くて	暑かったです	暑く ありませんでした
なが 長い	長いです	長く ありません	長い + N	長くて	長かったです	長く ありませんでした
はや 早い	早いです	早く ありません	早い + N	早くて	早かったです	早く ありませんでした
さむ 寒い	寒いです	寒く ありません	寒い + N	寒くて	寒かったです	寒く ありませんでした
やさ 易しい	易しいです	易しく ありません	易しい+N	易しくて	易しかったです	易しく ありませんでした
いい よい	いいです よいです	よく ありません	いい + N よい + N	よくて	よかったです	よく ありませんでした

2. な형용사 활용표

기본형 ~이다	~です형 ~(입)니다	~부정형 ~지 않습니다	명사 수식 ~한 + N	~で ~이고	과거형 ~했습니다	과거 부정형 ~지 않았습니다
きれいだ	きれいです	きれいでは ありません	きれいな ＋N	きれいで	きれいでした	きれいでは ありませんでした
まじめだ	まじめです	まじめでは ありません	まじめな ＋N	まじめで	まじめでした	まじめでは ありませんでした
静^{しず}かだ	静かです	静かでは ありません	静かな ＋N	静かで	静かでした	静かでは ありませんでした
親切^{しんせつ}だ	親切です	親切では ありません	親切な ＋N	親切で	親切でした	親切では ありませんでした
便利^{べんり}だ	便利です	便利では ありません	便利な ＋N	便利で	便利でした	便利では ありませんでした
有名^{ゆうめい}だ	有名です	有名では ありません	有名な ＋N	有名で	有名でした	有名では ありませんでした
好^すきだ	好きです	好きでは ありません	好きな ＋N	好きで	好きでした	好きでは ありませんでした
上手^{じょうず}だ	上手です	上手では ありません	上手な ＋N	上手で	上手でした	上手では ありませんでした

3. 존재 표현

	사물/식물	사람/동물
[긍정문]	あります	います
[부정문]	ありません	いません

예 学校は あそこに あります。 학교는 저기에 있습니다.

先生は 会議室に います。 선생님은 회의실에 있습니다.

4. 위치 명사

上 위	下 아래	中 안	前 앞	後ろ 뒤	向う 맞은편
右 오른쪽	左 왼쪽	横 옆	隣 옆, 이웃	そば 근처, 옆	間 사이

5. ～の ～に ～が あります(います) ~의 ~에 ~이(가) 있습니다

예 机の 上に 本が あります。 책상 위에 책이 있습니다.

コンビニの 前に 妹が います。 편의점 앞에 여동생이 있습니다.

～は ～の ～に あります(います) ~은(는) ~의 ~에 있습니다

예 辞書は 椅子の 上に あります。 사전은 의자 위에 있습니다.

山田さんは キムさんの 隣に います。 야마다 씨는 김 씨 옆에 있습니다.

6. 조사 총정리

① ~は(wa) ~은(는)

예 私は 韓国人です。 나는 한국인입니다.

② ~も ~도

예 私も 学生です。 나도 학생입니다.

③ ~を ~을(를)

예 お名前を お願いします。 이름(성함)을 부탁합니다.

④ ~の ① ~의 ② ~의 것

예 ① 友達の 本 친구의 책

② この 時計は 木村さんのです。 이 시계는 기무라 씨의 것입니다.

⑤ ~と ~와(과)

예 うどんと そばを ください。 우동과 메밀 국수를 주세요.

⑥ ~から ~まで ~부터 ~까지

예 映画は 何時から 何時までですか。 영화는 몇 시부터 몇 시까지입니까?

⑦ ~で ① ~에서 ② ~로

예 ① 食べ物の 中で 何が 一番 好きですか。 음식 중에서 무엇을 가장 좋아합니까?

② 会社まで 車で 20分ぐらいです。 회사까지 차로 20분 정도입니다.

⑧ **～が** ～이(가)

예 おみやげは 何_{なに}が いいですか。 여행 선물은 무엇이 좋습니까?

⑨ **～に** ① ～(장소)에 ② ～(대상)에게 ③ ～(시간/요일)에

예 ① 公園_{こうえん}は どこに ありますか。 공원은 어디에 있습니까?
　② 私_{わたし}に ください。 저에게 주세요.
　③ また 土曜日_{どようび}に。 토요일에 만나요.

⑩ **～とか** ～라든가

예 すしとか 牛丼_{ぎゅうどん}とか 日本料理_{にほんりょうり}が 好_すきです。

초밥이라든가 소고기 덮밥이라든가 일본 요리를 좋아합니다.

⑪ **～や ～や ～など** ～랑 ～랑 ～등

예 机_{つくえ}の 上_{うえ}に 本_{ほん}や ノートや 鉛筆_{えんぴつ} などが あります。 책상 위에 책이랑 노트랑 연필 등이 있습니다.

⑫ **～より** ～보다

예 今日_{きょう}は 昨日_{きのう}より 寒_{さむ}いですね。 오늘은 어제보다 춥네요.

(1)

A: お名前は 何ですか。

이름이(은) 무엇입니까?

B: 私は 木村です。

저는 기무라입니다.

(2)

A: お仕事は 何ですか。

직업이(은) 무엇입니까?

B: 会社員です。

회사원입니다.

(3)

A: おいくつですか。(= 何さいですか)

몇 살입니까?

B: 22です。(= 22さいです。)

스물 둘입니다. (= 22살입니다.)

(4)

A: これは 何ですか。

이것은 무엇입니까?

B: それは 時計です。

그것은 시계입니다.

(5)

A: 今 何時ですか。

지금 몇 시입니까?

B: 7時 30分です。

7시 30분입니다.

(6)

A: お誕生日は いつですか。

생일이(은) 언제입니까?

B: 7月7日です。

7월 7일입니다.

(7)

A: 何年生ですか。

몇 학년입니까?

B: 大学 4年生です。

대학교 4학년입니다.

(8)

A: 何年生まれですか。

몇 년생입니까?

B: 1990年生まれです。

1990년생입니다.

(9)

A: 今日は 何月 何日 何曜日ですか。

오늘은 몇 월 며칠 무슨 요일입니까?

B: 今日は 9月1日 月曜日です。

오늘은 9월 1일 월요일입니다.

(10)

A: 電話番号は 何番ですか。

전화번호는 몇 번입니까?

B: 080-1234-5679です。

080-1234-5679입니다.

(11)

A: 全部で いくらですか。

전부 해서 얼마입니까?

B: ３５００円です。

3500엔입니다.

(12)

A: 天気は どうですか。

날씨는 어떻습니까?

B: とても 暑いです。

참 덥습니다.

(13)

A: 映画は どうでしたか。

영화는 어땠습니까?

B: とても おもしろかったです。

참 재미있었습니다.

(14)

A: どんな タイプが 好きですか。

어떤 타입을 좋아합니까?

B: 背が 高くて やさしい タイプが 好きです。

키가 크고 자상한 타입을 좋아합니다.

(15)

A: スポーツの 中で 何が 一番 好きですか。

스포츠 중에서 무엇을 가장 좋아합니까?

B: サッカーが 一番 好きです。

축구를 가장 좋아합니다.

(16)

A: 公園は どこですか。

공원은 어디입니까?

B: 学校の 前に あります。

학교 앞에 있습니다.

(17)

A: 日本語の 本は どこに ありますか。

일본어 책은 어디에 있습니까?

B: 机の 上に あります。

책상 위에 있습니다.

(18)

A: キムさんは どこに いますか。

김 씨는 어디에 있습니까?

B: 教室の 中に います。

교실 안에 있습니다.

(19)

A: 彼氏 いますか。

남자 친구 있습니까?

B: はい、います。

예, 있습니다.

(20)

A: 彼女 いますか。

여자 친구 있습니까?

B: いいえ、いません。

아니요, 없습니다.

3과

1 わたしは (O)
　わたしわ (X)

2 こんにちは (O)
　こんにちわ (X)
　ごんにちは (X)

3 こんばんは (O)
　こんばんわ (X)
　ごんばんは (X)

4 山田さん (O)　やまだ
　山田さ (X)

5 私は 学生では ありません。(O)　わたし　がくせい
　私は 学生が ありません。(X)

6 がくせい (O)
　がっせい (X)

7 かいしゃいん (O)
　がいしゃいん (X)

4과

1 それは わたしのでは ありません。(O)
　それは わたしのが ありません。(X)

2 日本語の 本 (O)　にほんご　ほん
　日本語本 (X)

3 いいえ、これは 私のです。(O)
　いいえ、これは 私です。(X)

5과

1 4時 ― よじ (O)
　　　　しじ (X)
　　　　よんじ (X)

2 7時 ― しちじ (O)
　　　　ななじ (X)

3 9時 ― くじ (O)
　　　　きゅうじ (X)

4 10分 ― じゅっぷん (O)
　　　　じゅうぷん (X)

6과

1 4年 ― よねん (O)
　　　　よんねん (X)

2 4月 ― しがつ (O)
　　　　よがつ (X)

3 9月 ― くがつ (O)
　　　　きゅうがつ (X)

4 月曜日 ― げつようび (O)
　　　　　がつようび (X)

5 2日 ― ふつか (O)
　　　　ににち (X)

6 5日 ― いつか (O)
　　　　ごにち (X)

7 14日 ― じゅうよっか (O)
　　　　　じゅうよんにち (X)

7과

1 3000 ― さんぜん (O)
　　　　　さんせん (X)

2 600 ― ろっぴゃく (O)
　　　　　ろくぴゃく (X)

3 6000 ― ろくせん (O)
　　　　　ろっせん (X)
※ 표기할 때는 ろくせん, 발음할 때는 ろっせん.

8과

1 ふるい (O)
　　ふろい (X)

2 おもしろい (O)
　　おもしるい (X)

3 あまり よく ないです。(O)
　　あまり いく ないです。(X)

4 よかったです。(O)
　　いかったです。(X)

5 おもしろかったです。(O)
　　おもしろいでした。(X)

6 かわいく ないです。(O)
　　かわく ないです。(X)

9과

1 日本語が 好きですか。(O)
　　日本語を 好きですか。(X)

2 日本語が じょうずですね。(O)
　　日本語を じょうずですね。(X)

3 きれいでは ありません。(O)
　　きれく ありません。(X)

4 ゆうめいでは ありません。(O)
　　ゆうめく ありません。(X)

10과

1 公園は どこに ありますか。(O)
　　公園は どこへ ありますか。(X)

2 椅子の 下に ねこが います。(O)
　　椅子の 下に ねこが あります。(X)

3 机の 上に 本が あります。(O)
　　机上に 本が あります。(X)

어휘 총정리

3과

- ☐ あなた 당신
- ☐ いいえ 아니요
- ☐ イギリス人(じん) 영국인
- ☐ 医者(いしゃ) 의사
- ☐ 会員(かいいん) 회원
- ☐ 会社(かいしゃ) 회사
- ☐ 会社員(かいしゃいん) 회사원
- ☐ 学生(がくせい) 학생
- ☐ かのじょ 그녀, 그 여자
- ☐ かれ 그, 그 남자
- ☐ 韓国人(かんこくじん) 한국인
- ☐ 君(きみ) 너, 자네
- ☐ 銀行員(ぎんこういん) 은행원
- ☐ 軍人(ぐんじん) 군인
- ☐ こちら 이쪽, 이분
- ☐ こちらこそ 저야말로
- ☐ ～さん ～씨
- ☐ 社員(しゃいん) 사원
- ☐ 社会(しゃかい) 사회
- ☐ 主婦(しゅふ) 주부
- ☐ 先生(せんせい) 선생님
- ☐ 大学生(だいがくせい) 대학생
- ☐ だれ 누구
- ☐ 中国人(ちゅうごくじん) 중국인
- ☐ ～で ～이고
- ☐ ～では ありません ～이(가) 아닙니다
- ☐ ドイツ人(じん) 독일인
- ☐ どうぞ よろしく おねがいします 잘 부탁합니다
- ☐ ～と 申(もう)します ～라고 합니다
- ☐ 日本人(にほんじん) 일본인

- ☐ はじめまして 처음 뵙겠습니다
- ☐ フランス人(じん) 프랑스인
- ☐ わたくし 저
- ☐ 私(わたし) 나, 저

4과

- ☐ あの 저
- ☐ あれ 저것
- ☐ 椅子(いす) 의자
- ☐ 傘(かさ) 우산
- ☐ 韓国語(かんこくご) 한국어
- ☐ 靴(くつ) 신발, 구두
- ☐ この 이
- ☐ これ 이것
- ☐ 雑誌(ざっし) 잡지
- ☐ 辞書(じしょ) 사전
- ☐ 新聞(しんぶん) 신문
- ☐ その 그
- ☐ それ 그것
- ☐ 机(つくえ) 책상
- ☐ デジカメ 디카, 디지털카메라
- ☐ 電話(でんわ) 전화
- ☐ ～と ～와(과)
- ☐ 時計(とけい) 시계
- ☐ ところで 그런데
- ☐ どの 어느
- ☐ 友達(ともだち) 친구
- ☐ どれ 어느 것
- ☐ 何(なん)ですか 무엇입니까?
- ☐ 日本語(にほんご) 일본어

- [ ] ～の ～의, ～의 것
- [ ] 人(ひと) 사람
- [ ] 二人(ふたり) 두 명, 두 사람
- [ ] 本(ほん) 책
- [ ] 本社(ほんしゃ) 본사
- [ ] 本物(ほんもの) 진품
- [ ] 眼鏡(めがね) 안경
- [ ] ～も ～도, ～역시
- [ ] 物(もの) 물건

5과

- [ ] 明日(あした) 내일
- [ ] 後(あと) 후, 나중
- [ ] あります 있습니다
- [ ] うち 우리
- [ ] 映画(えいが) 영화
- [ ] お久(ひさ)しぶりです 오래간만입니다
- [ ] ～が ～이(가)
- [ ] 会議(かいぎ) 회의
- [ ] 学校(がっこう) 학교
- [ ] ～から ～まで ～부터 ～까지
- [ ] 銀行(ぎんこう) 은행
- [ ] 午後(ごご) 오후
- [ ] 午前(ごぜん) 오전
- [ ] 小学生(しょうがくせい) 초등학생
- [ ] 食事(しょくじ) 식사
- [ ] スーパー 슈퍼(마켓)
- [ ] 近(ちか)く 근처
- [ ] 中学生(ちゅうがくせい) 중학생
- [ ] テスト 시험

- [ ] 何時(なんじ) 몇 시
- [ ] 半(はん) 반
- [ ] 久(ひさ)しぶり 오래간만
- [ ] 前(まえ) 전, 앞
- [ ] 約束(やくそく) 약속
- [ ] 郵便局(ゆうびんきょく) 우체국

6과

- [ ] あさって 모레
- [ ] いつ 언제
- [ ] おめでとうございます 축하합니다
- [ ] 火曜日(かようび) 화요일
- [ ] 昨日(きのう) 어제
- [ ] 今日(きょう) 오늘
- [ ] 金曜日(きんようび) 금요일
- [ ] 月曜日(げつようび) 월요일
- [ ] 子供(こども)の 日(ひ) 어린이날
- [ ] コンサート 콘서트
- [ ] 今週(こんしゅう) 이번 주
- [ ] 作文(さくぶん) 작문
- [ ] 趣味(しゅみ) 취미
- [ ] 水泳(すいえい) 수영
- [ ] 水曜日(すいようび) 수요일
- [ ] 先週(せんしゅう) 지난주
- [ ] そうですか 그렇습니까?
- [ ] 大学(だいがく) 대학
- [ ] 誕生日(たんじょうび) 생일
- [ ] ～でした ～였습니다
- [ ] テニス 테니스
- [ ] 土曜日(どようび) 토요일

□ 夏休(なつやす)み 여름방학, 여름휴가
□ 何月(なんがつ) 몇 월
□ 何日(なんにち) 며칠
□ 何曜日(なんようび) 무슨 요일
□ 日曜日(にちようび) 일요일
□ ~年生(ねんせい) ~학년
□ 冬休(ふゆやす)み 겨울방학, 겨울휴가
□ 文化(ぶんか) 문화
□ 文学(ぶんがく) 문학
□ 本文(ほんぶん) 본문
□ まつり 축제
□ みなさん 여러분
□ 木曜日(もくようび) 목요일
□ 来週(らいしゅう) 다음 주

7과

□ アイスクリーム 아이스크림
□ アイスコーヒー 아이스커피
□ いい 좋다
□ いくつ 몇 개, 얼마
□ いくらですか 얼마입니까?
□ いつつ 다섯 개
□ いらっしゃいませ 어서 오세요
□ うどん 우동
□ ~円(えん) ~엔 (일본의 화폐단위)
□ お名前(なまえ) 이름, 성함
□ おねがいします 부탁합니다
□ ~が ~(이)지만
□ 会食(かいしょく) 회식
□ クッキー 쿠키

□ ケーキ 케이크
□ コーヒー 커피
□ コーラ 콜라
□ ここのつ 아홉 개
□ サイズ 사이즈
□ さしみ 회
□ 品物(しなもの) 물건
□ ~じゃ 그럼, 그러면
□ じゅういち 열한 개
□ 食堂(しょくどう) 식당
□ 食料(しょくりょう) 식료
□ スカート 스커트
□ ズボン 바지
□ すみません 실례합니다, 죄송합니다
□ セーター 스웨터
□ 全部(ぜんぶ)で 전부 해서, 전부 합해서
□ それから 그리고
□ 高(たか)い 비싸다
□ チーズケーキ 치즈케이크
□ ちょっと 좀, 약간
□ ~では 그럼, 그러면
□ 店員(てんいん) 점원
□ とお 열 개
□ どちらも 어느 쪽도, 둘 다
□ とんカツ 돈가스
□ ななつ 일곱 개
□ 名前(なまえ) 이름
□ ハンバーガー 햄버거
□ ひとつ 한 개
□ ふたつ 두 개
□ ブラウス 블라우스
□ 店(みせ) 가게

□ みっつ 세 개

□ ミルク 밀크, 우유

□ むっつ 여섯 개

□ 安(やす)い 싸다

□ やっつ 여덟 개

□ よっつ 네 개

□ ～より ～보다

□ 料理(りょうり) 요리

□ ～を ～을(를)

8과

□ 青(あお)い 파랗다

□ 赤(あか)い 빨갛다

□ 明(あか)るい 밝다

□ 秋(あき) 가을

□ 暖(あたた)かい 따뜻하다

□ 新(あたら)しい 새롭다

□ 暑(あつ)い 덥다

□ 熱(あつ)い 뜨겁다

□ あまい 달다

□ あまり 별로

□ 忙(いそが)しい 바쁘다

□ 痛(いた)い 아프다

□ 一番(いちばん) 가장, 제일

□ うつくしい 아름답다

□ うれしい 기쁘다

□ 英語(えいご) 영어

□ おいしい 맛있다

□ 多(おお)い 많다

□ 大(おお)きい 크다

□ 遅(おそ)い 느리다

□ 重(おも)い 무겁다

□ おもしろい 재미있다

□ ～かったです ～였습니다

□ かなしい 슬프다

□ 髪(かみ) 머리(카락)

□ からい 맵다

□ 軽(かる)い 가볍다

□ かわいい 귀엽다

□ 簡単(かんたん)だ 간단하다

□ 黄色(きいろ)い 노랗다

□ 暗(くら)い 어둡다

□ 黒(くろ)い 검다

□ 最近(さいきん) 최근, 요즘

□ 寒(さむ)い 춥다

□ しぶい 떫다

□ しました 했습니다

□ しょっぱい 짜다

□ 白(しろ)い 하얗다

□ 少(すく)ない 적다

□ 涼(すず)しい 서늘하다, 시원하다

□ すっぱい 시다

□ すばらしい 훌륭하다

□ 背(せ)が 高(たか)い 키가 크다

□ 背(せ)が 低(ひく)い 키가 작다

□ 狭(せま)い 좁다

□ それで 그래서

□ タイプ 타입

□ 高(たか)い 높다

□ 楽(たの)しい 즐겁다

□ 小(ちい)さい 작다

□ 近(ちか)い 가깝다

어휘 총정리

☐ 中国語(ちゅうごくご) 중국어

☐ つまらない 재미없다

☐ 冷(つめ)たい 차갑다

☐ 天気(てんき) 날씨

☐ どうでしたか 어땠습니까?

☐ どうですか 어떻습니까?

☐ 遠(とお)い 멀다

☐ とても 매우, 아주

☐ 長(なが)い 길다

☐ 仲(なか)が いい 사이가 좋다

☐ 夏(なつ) 여름

☐ にがい 쓰다

☐ パーティー 파티

☐ 速(はや)い 빠르다

☐ 早(はや)い 이르다

☐ 春(はる) 봄

☐ ハンサムだ 잘 생기다, 핸섬하다

☐ 低(ひく)い 낮다

☐ 広(ひろ)い 넓다

☐ 冬(ふゆ) 겨울

☐ 古(ふる)い 오래되다

☐ 部屋(へや) 방

☐ 勉強(べんきょう) 공부

☐ まずい 맛없다

☐ みかん 귤

☐ 短(みじか)い 짧다

☐ 無視(むし) 무시

☐ 難(むずか)しい 어렵다

☐ 無知(むち) 무지

☐ 無理(むり) 무리

☐ 無料(むりょう) 무료

☐ 易(やさ)しい 쉽다

☐ 優(やさ)しい 자상하다, 상냥하다

☐ よい 좋다

☐ 旅行(りょこう) 여행

☐ りんご 사과

☐ レストラン 레스토랑

☐ わるい 나쁘다

9과

☐ 歌手(かしゅ) 가수

☐ 嫌(きら)いだ 싫어하다

☐ きれいだ 예쁘다, 깨끗하다

☐ クラス (학교의) 반, 클래스

☐ 元気(げんき) 건강, 기운

☐ 元気(げんき)だ 건강하다

☐ 交通(こうつう) 교통

☐ 好(この)み 취향

☐ サッカー 축구

☐ 散歩(さんぽ) 산책

☐ 試合(しあい) 시합

☐ 静(しず)かだ 조용하다

☐ 親(した)しい 친하다

☐ 写真(しゃしん) 사진

☐ 重要(じゅうよう)だ 중요하다

☐ 上手(じょうず)だ 잘하다, 능숙하다

☐ 丈夫(じょうぶ)だ 튼튼하다

☐ 親切(しんせつ)だ 친절하다

☐ 新鮮(しんせん)だ 신선하다

☐ 心配(しんぱい)だ 걱정이다

☐ 好(す)きだ 좋아하다

☐ すてきだ 멋지다, 근사하다

- [ ] スポーツ 스포츠
- [ ] ぜんぜん 違(ちが)います 전혀 다릅니다
- [ ] 大丈夫(だいじょうぶ)だ 괜찮다
- [ ] だめだ 안 된다
- [ ] 電気(でんき) 전기
- [ ] ～とか ～라든가
- [ ] 得意(とくい)だ 잘하다, 제일 자신 있다
- [ ] 読書(どくしょ) 독서
- [ ] 都市(とし) 도시
- [ ] どんな 어떤, 어떠한
- [ ] 何(なに) 무엇
- [ ] 苦手(にがて)だ 잘 못하다, 질색이다
- [ ] にぎやかだ 번화하다
- [ ] 日本料理(にほんりょうり) 일본요리
- [ ] ～の 中(なか)で ～중에서
- [ ] ～の 方(ほう) ～의 쪽(편)
- [ ] 暇(ひま)だ 한가하다
- [ ] ビル 빌딩
- [ ] 不便(ふべん)だ 불편하다
- [ ] 下手(へた)だ 잘 못하다, 서투르다
- [ ] 便利(べんり)だ 편리하다
- [ ] 本気(ほんき) 진심, 본심
- [ ] まじめだ 성실하다
- [ ] 街(まち) 거리
- [ ] 野球(やきゅう) 야구
- [ ] 有名(ゆうめい)だ 유명하다
- [ ] 楽(らく)だ 편안하다, 쉽다
- [ ] 立派(りっぱ)だ 훌륭하다

10과

- [ ] 間(あいだ) 사이
- [ ] ありがとうございました 감사합니다
- [ ] 家(いえ/うち) 집
- [ ] 一階(いっかい) 1층
- [ ] いっぴき 한 마리
- [ ] 上(うえ) 위
- [ ] 受付(うけつけ) 접수처, 카운터
- [ ] 後(うし)ろ 뒤
- [ ] 映画館(えいがかん) 영화관
- [ ] 駅(えき) 역
- [ ] 会議室(かいぎしつ) 회의실
- [ ] かばん 가방
- [ ] 教室(きょうしつ) 교실
- [ ] ～ぐらい ～정도
- [ ] 車(くるま) 차, 자동차
- [ ] 公園(こうえん) 공원
- [ ] コンビニ 편의점
- [ ] 下(した) 아래
- [ ] そして 그리고
- [ ] 外(そと) 밖
- [ ] そば 옆, 근처
- [ ] テーブル 테이블
- [ ] デパート 백화점
- [ ] テレビ 텔레비전
- [ ] トイレ 화장실
- [ ] どこ 어디
- [ ] 隣(となり) 옆, 이웃
- [ ] 中(なか) 안
- [ ] 何階(なんがい) 몇 층
- [ ] 何人(なんにん) 몇 명

□ ～に ～에

□ 猫(ねこ) 고양이

□ ノート 노트

□ 箱(はこ) 상자

□ 左(ひだり) 왼쪽

□ ひとクラス 한 반

□ 病院(びょういん) 병원

□ ベッド 침대

□ 本棚(ほんだな) 책장

□ 本屋(ほんや) 서점, 책방

□ 右(みぎ) 오른쪽

□ 無料(むりょう) 무료

□ 約(やく) 약～

□ 山(やま) 산

□ ～や ～や ～など ～랑 ～랑 ～등

□ 横(よこ) 옆

□ 料金(りょうきん) 요금

음원 파일 리스트

01 문자와 발음 上	Track 01	히라가나 청음 13쪽~17쪽
	Track 02	회화플러스 21쪽
02 문자와 발음 下	Track 03	히라가나 탁음 23쪽~24쪽
	Track 04	히라가나 반탁음 25쪽
	Track 05	요음 26쪽~27쪽
	Track 06	촉음 28쪽
	Track 07	ん발음 29쪽
	Track 08	장음 30쪽
	Track 09	가타카나 청음 31쪽~35쪽
	Track 10	회화플러스 39쪽
03 처음 뵙겠습니다.	Track 11	포인트 스피치 40쪽
	Track 12	기본 회화 41쪽
	Track 13	독해 45쪽
	Track 14	듣기 연습 A 47쪽
	Track 15	듣기 연습 B 47쪽
	Track 16	회화 플러스 48쪽
04 이것은 무엇입니까?	Track 17	포인트 스피치 50쪽
	Track 18	기본 회화 51쪽
	Track 19	독해 55쪽
	Track 20	듣기 연습 A 57쪽
	Track 21	듣기 연습 B 57쪽
	Track 22	회화 플러스 58쪽
05 지금 몇 시입니까?	Track 23	포인트 스피치 60쪽
	Track 24	기본 회화 61쪽
	Track 25	독해 65쪽
	Track 26	듣기 연습 A 67쪽
	Track 27	듣기 연습 B 67쪽
	Track 28	회화 플러스 68쪽

06 오늘은 몇 월 며칠입니까?	Track 29	포인트 스피치 70쪽
	Track 30	기본 회화 71쪽
	Track 31	독해 75쪽
	Track 32	듣기 연습 A 77쪽
	Track 33	듣기 연습 B 77쪽
	Track 34	회화 플러스 78쪽
07 이 케이크는 얼마입니까?	Track 35	포인트 스피치 80쪽
	Track 36	기본 회화 81쪽
	Track 37	독해 86쪽
	Track 38	듣기 연습 A 88쪽
	Track 39	듣기 연습 B 88쪽
	Track 40	회화 플러스 89쪽
08 일본어는 아주 재미있습니다.	Track 41	포인트 스피치 92쪽
	Track 42	기본 회화 93쪽
	Track 43	독해 102쪽
	Track 44	듣기 연습 A 104쪽
	Track 45	듣기 연습 B 104쪽
	Track 46	회화 플러스 105쪽
09 조용하고 깨끗한 방이군요.	Track 47	포인트 스피치 108쪽
	Track 48	기본 회화 109쪽
	Track 49	독해 118쪽
	Track 50	듣기 연습 A 120쪽
	Track 51	듣기 연습 B 120쪽
	Track 52	회화 플러스 121쪽
10 일본어 학교는 어디입니까?	Track 53	포인트 스피치 124쪽
	Track 54	기본 회화 125쪽
	Track 55	독해 131쪽
	Track 56	듣기 연습 A 133쪽
	Track 57	듣기 연습 B 133쪽
	Track 58	회화 플러스 134쪽

Memo

NEW

일본어 기초와 말하기를 한 번에

다이스키 일본어

STEP **1**

스피치 트레이닝
워크북

- 한자 연습
- 한일 스피치 연습
- Q&A 스피치 연습
- 가타카나 노트

동양북스

워크북의 구성과 활용 방법

한자 연습 | Kanji Drill

한자의 읽기와 뜻을 복습하기 위한 연습입니다. 본책에서 학습한 한자 단어와, 일본어 주요 한자의 읽는 법과 뜻을 써 보며 한자와 친해져 보세요.

한일 스피치 연습과 정답 | Speech Practice 1 & Answer

각 과의 중요한 포인트 문법과 표현들을 활용한 말하기 연습입니다. 본책에서 학습하지 않은 단어들은 힌트로 제시해 두었으며, 빈칸을 활용하여 작문 연습으로도 활용할 수 있습니다.

Q&A 스피치 연습 | Speech Practice 2

더욱 자연스러운 일본어 말하기를 위한 응용 연습입니다. 하나의 질문과 세 개의 대답 문장으로 구성되어 있습니다. 자연스럽게 바로 일본어로 말하고 답할 수 있도록 별도의 해석이 달려 있지 않습니다. 아래에 정리된 단어를 보면서 스스로 해석해 보세요. 또한 주어진 응용 단어들을 활용한 말하기 연습을 통해 말하기 실력을 쌓을 수 있습니다.

가타카나 노트 | Katakana Note

활용도가 높은 가타카나 단어들을 모아 두었습니다. 실생활에서 자주 쓰이는 가타카나 단어를 쓰면서 익혀 보세요.

일본어뱅크

NEW

일본어 기초와 말하기를 한 번에

다이스키 일본어

STEP 1

스피치 트레이닝
워크북

동양북스

| 03과 본책 40쪽 |

▶ 다음 한자의 읽는 법과 뜻을 빈칸에 써 보세요.

예

| 会社員 | かいしゃいん | 회사원 |

1) 学生 _____ _____

2) 先生 _____ _____

3) 医者 _____ _____

4) 韓国人 _____ _____

5) 日本人 _____ _____

6) 中国人 _____ _____

7) 主婦 _____ _____

8) 軍人 _____ _____

▶ **다음 문장을 일본어로 말해 보세요.**

1) 처음 뵙겠습니다. 저는 기무라입니다.

_____

2) 잘 부탁합니다.

_____

3) 당신은 학생입니까?

_____

4) 아니요. 저는 학생이 아닙니다. 회사원입니다.

_____

5) 아니요. 저는 의사가 아닙니다. 군인입니다.

_____

6) 저는 일본인이 아닙니다. 중국인입니다.

_____

7) 저는 한국인이고, 주부입니다.

_____

· · ·〉 정답은 다음 페이지에서 확인하세요.

▶ 정답을 확인하고, 정답 문장을 소리 내어 읽으며 복습해 보세요.

1) 처음 뵙겠습니다. 저는 기무라입니다.

はじめまして。わたしは 木村_{き むら}です。

2) 잘 부탁합니다.

どうぞ よろしく おねがいします。

3) 당신은 학생입니까?

あなたは 学生_{がくせい}ですか。

4) 아니요. 저는 학생이 아닙니다. 회사원입니다.

いいえ、わたしは 学生では ありません。会社員_{かいしゃいん}です。

5) 아니요. 저는 의사가 아닙니다. 군인입니다.

いいえ、わたしは 医者_{い しゃ}では ありません。軍人_{ぐんじん}です。

6) 저는 일본인이 아닙니다. 중국인입니다.

わたしは 日本人_{に ほんじん}では ありません。中国人_{ちゅうごくじん}です。

7) 저는 한국인이고, 주부입니다.

わたしは 韓国人_{かんこくじん}で、主婦_{しゅ ふ}です。

▶ Q&A 형식으로 다양한 표현을 익히고, 자유롭게 말하기 연습을 해 보세요.

1

Q: はじめまして。私は 木村です。 처음 뵙겠습니다. 저는 기무라입니다.

どうぞ よろしく お願いします。 잘 부탁합니다.

A1: 私は 青木です。こちらこそ どうぞ よろしく。

A2: 私は 山田と 申します。

どうぞ よろしく お願いします。

A3: 私は 森です。お会いできて うれしいです。

2

Q: 自己紹介を お願いします。 자기소개를 부탁합니다.

A1: 私は 青木です。私は 日本人で、会社員です。

よろしく お願いします。

A2: 私は 山田です。私は 韓国人で、デザイナーです。

A3: 私は ワンです。中国人で 留学生です。

私は 上海から 来ました。

お会あいできて うれしいです 만나서 반가워요 | 自己紹介じこしょうかい 자기소개 |

上海しゃんはい 상하이 (중국) | 〜から 〜에서(〜로부터) | 来きました 왔습니다

★ 弁護士べんごし 변호사 | 作家さっか 작가 | 野球選手やきゅうせんしゅ 야구선수

| 04과 본책 50쪽 |

▶ 다음 한자의 읽는 법과 뜻을 빈칸에 써 보세요.

예

| 会社員 | かいしゃいん | 회사원 |

1) 新聞 _____ _____

2) 時計 _____ _____

3) 辞書 _____ _____

4) 雑誌 _____ _____

5) 韓国語 _____ _____

6) 友達 _____ _____

7) 机 _____ _____

8) 椅子 _____ _____

▶ **다음 문장을 일본어로 말해 보세요.**

1) 이것은 무엇입니까?

_____

2) 그것은 책입니다.

_____

3) 이것도 선생님의 가방입니까?

_____

4) 아니요. 그것은 선생님 것이 아닙니다. 제 것입니다.

_____

5) 기무라 씨는 제 친구입니다.

_____

6) 저것은 누구의 우산입니까?

_____

7) 저 사람은 누구입니까?

_____

かばん 가방

· · ·▷ 정답은 다음 페이지에서 확인하세요.

▶ 정답을 확인하고, 정답 문장을 소리 내어 읽으며 복습해 보세요.

1) 이것은 무엇입니까?

これは 何_{なん}ですか。

2) 그것은 책입니다.

それは 本_{ほん}です。

3) 이것도 선생님의 가방입니까?

これも 先生_{せんせい}の かばんですか。

4) 아니요. 그것은 선생님 것이 아닙니다. 제 것입니다.

いいえ、それは 先生_{せんせい}のでは ありません。私_{わたし}のです。

5) 기무라 씨는 제 친구입니다.

木村_{きむら}さんは 私_{わたし}の 友達_{ともだち}です。

6) 저것은 누구의 우산입니까?

あれは 誰_{だれ}の 傘_{かさ}ですか。

7) 저 사람은 누구입니까?

あの 人_{ひと}は 誰ですか。

▶ Q&A 형식으로 다양한 표현을 익히고, 자유롭게 말하기 연습을 해 보세요.

1

Q: これは 何^{なん}ですか。이것은 무엇입니까?

A1: それは 新聞^{しんぶん}です。

A2: それは 靴^{くつ}です。日本^{にほん}のです。

A3: それは 時計^{とけい}です。

その 時計^{とけい}は 最近^{さいきん} 人気^{にんき}です。

2

Q: あの 人^{ひと}は 誰^{だれ}ですか。저 사람은 누구입니까?

A1: あの 人^{ひと}は 私^{わたし}の 弟^{おとうと}です。

A2: あの 人^{ひと}は 佐藤^{さとう}さんです。

佐藤さんは 私^{わたし}の 友達^{ともだち}です。

A3: あの 人^{ひと}は 私^{わたし}の 会社^{かいしゃ}の 同僚^{どうりょう}です。

最近さいきん 최근 | 人気にんきです 인기 있어요 | 同僚どうりょう 동료

★ あれ 저것 | 果物くだもの 과일 | クッキー 쿠키 | 中国ちゅうごく 중국 | アメリカ 미국 |

彼氏かれし 남자 친구 | 彼女かのじょ 여자 친구 | 先輩せんぱい 선배 | 後輩こうはい 후배

| 05과 본책 60쪽 |

▶ 다음 한자의 읽는 법과 뜻을 빈칸에 써 보세요.

예

| 会社員 | <u>　　　かいしゃいん　　　</u> | <u>　　　회사원　　　</u> |

1) 学校 _____ _____

2) 映画 _____ _____

3) 午前 _____ _____

4) 午後 _____ _____

5) 会議 _____ _____

6) 郵便局 _____ _____

7) 会社 _____ _____

8) 銀行 _____ _____

▶ **다음 문장을 일본어로 말해 보세요.**

1) 지금 몇 시입니까?

_____

2) 7시 5분 전입니다.

_____

3) 회사는 몇 시부터 몇 시까지입니까?

_____

4) 오전 9시 10분부터 오후 7시까지입니다.

_____

5) 회의는 오전 9시부터 11시 반까지입니다.

_____

6) 시험은 오후 4시부터입니다.

_____

7) 영화는 몇 시부터 몇 시까지입니까?

_____

· · ·▷ 정답은 다음 페이지에서 확인하세요.

▶ 정답을 확인하고, 정답 문장을 소리 내어 읽으며 복습해 보세요.

1) 지금 몇 시입니까?

今 何時ですか。

2) 7시 5분 전입니다.

7時 5分 前です。

3) 회사는 몇 시부터 몇 시까지입니까?

会社は 何時から 何時までですか。

ㄴ) 오전 9시 10분부터 오후 7시까지입니다.

午前 9時 10分から 午後 7時までです。

5) 회의는 오전 9시부터 11시 반까지입니다.

会議は 午前 9時から 11時 半までです。

6) 시험은 오후 4시부터입니다.

テストは 午後 4時からです。

7) 영화는 몇 시부터 몇 시까지입니까?

映画は 何時から 何時までですか。

▶ Q&A 형식으로 다양한 표현을 익히고, 자유롭게 말하기 연습을 해 보세요.

1

Q: 今 何時ですか。 지금 몇 시입니까?

A1: 4時 半です。

A2: 7時 10分です。

A3: 9時 ちょうどです。

2

Q: バイトは 何時から 何時までですか。
아르바이트는 몇 시부터 몇 시까지입니까?

A1: 午後 2時から 7時までです。

A2: 午前 9時から 午後 4時までです。

A3: 午前 10時から 午後 6時までです。

バイト 아르바이트

★ スーパー 슈퍼(마켓) | 区役所くやくしょ 구청 | 市役所しやくしょ 시청 | 銀行ぎんこう 은행 |

会社かいしゃ 회사 | 郵便局ゆうびんきょく 우체국

| 06과 본책 70쪽 |

▶ 다음 한자의 읽는 법과 뜻을 빈칸에 써 보세요.

<table>
<tr><td>예</td></tr>
<tr><td>会社員</td><td>かいしゃいん</td><td>회사원</td></tr>
</table>

1) 今日　_____　_____

2) 昨日　_____　_____

3) 明日　_____　_____

4) 趣味　_____　_____

5) 誕生日　_____　_____

6) 休み　_____　_____

7) 子供　_____　_____

8) 来週　_____　_____

▶ 다음 문장을 일본어로 말해 보세요.

1) 오늘은 몇 월 며칠입니까?

2) 오늘은 7월 3일입니다.

3) 휴일은 언제부터 언제까지입니까?

4) 7월 14일부터 20일까지입니다.

5) 생일이 언제입니까?

6) 시험은 6월 4일부터 7일까지입니다.

7) 어제는 9월 2일 수요일이었습니다.

···▷ 정답은 다음 페이지에서 확인하세요.

▶ 정답을 확인하고, 정답 문장을 소리 내어 읽으며 복습해 보세요.

1) 오늘은 몇 월 며칠입니까?

今日は 何月 何日ですか。

2) 오늘은 7월 3일입니다.

今日は 7月 3日です。

3) 휴일은 언제부터 언제까지입니까?

休みは いつから いつまでですか。

4) 7월 14일부터 20일까지입니다.

7月 14日から 20日までです。

5) 생일이 언제입니까?

お誕生日は いつですか。

6) 시험은 6월 4일부터 7일까지입니다.

テストは 6月 4日から 7日までです。

7) 어제는 9월 2일 수요일이었습니다.

昨日は 9月 2日 水曜日でした。

▶ Q&A 형식으로 다양한 표현을 익히고, 자유롭게 말하기 연습을 해 보세요.

1

Q: お誕生日は いつですか。 생일이 언제입니까?

A1: 2月 9日です。

A2: 3月 20日です。

A3: 9月 14日です。

2

Q: まつりは いつから いつまでですか。 축제는 언제부터 언제까지입니까?

A1: 4月 1日から 5日までです。

A2: 月曜日から 金曜日までです。

A3: 今日から 来週の 土曜日までです。

 ★ パーティー 파티 | 卒業式そつぎょうしき 졸업식 | 結婚式けっこんしき 결혼식 | テスト 시험 |

新婚旅行しんこんりょこう 신혼여행 | 試験しけん 시험 | 出張しゅっちょう 출장 | 休やすみ 휴일, 휴가

| 07과 본책 80쪽 |

▶ 다음 한자의 읽는 법과 뜻을 빈칸에 써 보세요.

예
会社員   かいしゃいん   회사원

1) 全部 _____ _____

2) 食堂 _____ _____

3) 料理 _____ _____

4) 店 _____ _____

5) 品物 _____ _____

6) 名前 _____ _____

7) 店員 _____ _____

8) 会食 _____ _____

▶ **다음 문장을 일본어로 말해 보세요.**

1) 저, 실례합니다. 커피는 얼마입니까?

_____

2) 300엔입니다.

_____

3) 전부 해서 얼마입니까?

_____

ㄴ) 전부 해서 3500엔입니다.

_____

5) 이 책은 얼마입니까?

_____

6) 그럼, 커피와 케이크를 주세요.

_____

7) 저 시계는 6000엔입니다.

_____

···❯ 정답은 다음 페이지에서 확인하세요.

▶ 정답을 확인하고, 정답 문장을 소리 내어 읽으며 복습해 보세요.

1) 저, 실례합니다. 커피는 얼마입니까?

あの、すみません。コーヒーは いくらですか。

2) 300엔입니다.

さんびゃく円です。

3) 전부 해서 얼마입니까?

全部で いくらですか。

ц) 전부 해서 3500엔입니다.

全部で さんぜんごひゃく円です。

5) 이 책은 얼마입니까?

この 本は いくらですか。

6) 그럼, 커피와 케이크를 주세요.

じゃ、コーヒーと ケーキを ください。

7) 저 시계는 6000엔입니다.

あの 時計は ろくせん円です。

▶ Q&A 형식으로 다양한 표현을 익히고, 자유롭게 말하기 연습을 해 보세요.

1

Q: いらっしゃいませ。어서 오세요.

A1: あの、うどんと そばを ください。

A2: 焼き肉 1人前 お願いします。

A3: すみません、コーヒー ひとつと ジュース ふたつ ください。

2

Q: ケーキは いくらですか。케이크는 얼마입니까?

A1: ケーキは 300円です。

A2: ひとつ 400円で、ふたつで 700円です。

A3: チーズケーキは ３５０円、いちごケーキは 300円で、

合計 ６５０円です。

ふたつで 두 개에 | 合計ごうけい 합해서, 합계

★ 牛丼ぎゅうどん 소고기 덮밥 | 天丼てんどん 튀김 덮밥 |

お茶ちゃ 차 | 緑茶りょくちゃ 녹차 | 紅茶こうちゃ 홍차

| 08과 본책 92쪽 |

▶ 다음 한자의 읽는 법과 뜻을 빈칸에 써 보세요.

예		
会社員	かいしゃいん	회사원

1) 天気 _____ _____

2) 最近 _____ _____

3) 旅行 _____ _____

4) 勉強 _____ _____

5) 春 _____ _____

6) 夏 _____ _____

7) 秋 _____ _____

8) 冬 _____ _____

▶ **다음 문장을 일본어로 말해 보세요.**

1) 일본어 공부는 어떻습니까? / 참 재미있습니다.

_____

2) 별로 재미없습니다.

_____

3) 영화는 어땠습니까? / 참 재미있었습니다.

_____

4) 오늘은 날씨가 좋네요.

_____

5) 날씨는 참 좋았습니다.

_____

6) 여행은 아주(참) 즐거웠습니다.

_____

7) 시험은 별로 어렵지 않았습니다.

_____

⋯⋯▷ 정답은 다음 페이지에서 확인하세요.

▶ 정답을 확인하고, 정답 문장을 소리 내어 읽으며 복습해 보세요.

1) 일본어 공부는 어떻습니까? / 참 재미있습니다.

日本語の 勉強は どうですか。 / とても おもしろいです。

2) 별로 재미없습니다.

あまり おもしろく ありません。

3) 영화는 어땠습니까? / 참 재미있었습니다.

映画は どうでしたか。 / とても おもしろかったです。

4) 오늘은 날씨가 좋네요.

今日は いい 天気ですね。

5) 날씨는 참 좋았습니다.

天気は とても よかったです。

6) 여행은 아주(참) 즐거웠습니다.

旅行は とても 楽しかったです。

7) 시험은 별로 어렵지 않았습니다.

テストは あまり 難しく ありませんでした。

▶ Q&A 형식으로 다양한 표현을 익히고, 자유롭게 말하기 연습을 해 보세요.

1

Q: 今日の 天気は どうですか。 오늘의 날씨는 어떻습니까?

A1: とても いいです。/ あまり よく ありません。

A2: とても あたたかいです。/ すずしいです。

とても あついです。/ さむいです。

A3: 晴れです。/ くもりです。/ 雨です。/ 雪です。

2

Q: 旅行は どうでしたか。 여행은 어땠습니까?

A1: とても 楽しかったです。

A2: あまり 楽しく ありませんでした。

A3: まあまあでした。

晴はれ 맑음 | くもり 흐림 | 雨あめ 비 | 雪ゆき 눈 | まあまあ 그럭저럭

★景色けしき 경치 | 映画えいが 영화 | まつり 축제 | 料理りょうり 요리 |

美うつくしい 아름답다 | おもしろい 재미있다 | おいしい 맛있다

▶ 다음 한자의 읽는 법과 뜻을 빈칸에 써 보세요.

예

会社員 ___かいしゃいん___ ___회사원___

1) 中国語 _____ _____

2) 交通 _____ _____

3) 部屋 _____ _____

4) 写真 _____ _____

5) 歌手 _____ _____

6) 野球 _____ _____

7) 水泳 _____ _____

8) 英語 _____ _____

▶ **다음 문장을 일본어로 말해 보세요.**

1) 기무라 씨는 축구를 좋아합니까?

_____

2) 네, 좋아하지만, 별로 잘하지 않습니다.

_____

3) 야마다 씨는 축구를 좋아합니까?

_____

4) 전에는 좋아했지만, 지금은 수영 쪽을 좋아합니다.

_____

5) 아주 성실한 학생이군요.

_____

6) 이 가게는 조용하고 깨끗하군요.

_____

7) 스포츠 중에서 무엇을 가장 좋아합니까?

_____

···▷ 정답은 다음 페이지에서 확인하세요.

▶ 정답을 확인하고, 정답 문장을 소리 내어 읽으며 복습해 보세요.

1) 기무라 씨는 축구를 좋아합니까?

木村さんは サッカーが 好きですか。

2) 네, 좋아하지만, 별로 잘하지 않습니다.

はい、好きですが、あまり 上手では ありません。

3) 야마다 씨는 축구를 좋아합니까?

山田さんは サッカーが 好きですか。

4) 전에는 좋아했지만, 지금은 수영 쪽을 좋아합니다.

前は 好きでしたが、今は 水泳の 方が 好きです。

5) 아주 성실한 학생이군요.

とても まじめな 学生ですね。

6) 이 가게는 조용하고 깨끗하군요.

この 店は 静かで、きれいですね。

7) 스포츠 중에서 무엇을 가장 좋아합니까?

スポーツの 中で 何が 一番 好きですか。

▶ Q&A 형식으로 다양한 표현을 익히고, 자유롭게 말하기 연습을 해 보세요.

1

Q: 食べ物の 中で 何が 一番 好きですか。
음식 중에서 무엇을 가장 좋아합니까?

A1: しゃぶしゃぶが 一番 好きです。

A2: すしが 一番 好きです。

A3: とんカツが 一番 好きです。

2

Q: どんな タイプが 好きですか。 어떤 타입을 좋아합니까?

A1: まじめで やさしい タイプが 好きです。

A2: ハンサムで、男らしい タイプが 好きです。

A3: 髪が 長くて きれいな タイプが 好きです。

★ 果物くだもの 과일 | 季節きせつ 계절 | りんご 사과 | 春はる 봄 | 夏なつ 여름 | 秋あき 가을 | 冬ふゆ 겨울 |

女おんならしい 여성스럽다 | 髪かみが 短みじかい 머리가 짧다 | 背せが 高たかい 키가 크다 |

背せが 低ひくい 키가 작다

| 10과 본책 124쪽 |

▶ 다음 한자의 읽는 법과 뜻을 빈칸에 써 보세요.

예

| 会社員 | かいしゃいん | 회사원 |

1) 公園 _____ _____

2) 教室 _____ _____

3) 受付 _____ _____

ㄴ) 駅 _____ _____

5) 家 _____ _____

6) 本棚 _____ _____

7) 映画館 _____ _____

8) 病院 _____ _____

▶ **다음 문장을 일본어로 말해 보세요.**

1) 공원은 어디입니까?

_____

2) 저기입니다.

_____

3) 김 씨는 어디에 있습니까?

_____

4) 교실 안에 있습니다.

_____

5) 저, 실례합니다. 백화점은 어디입니까?

_____

6) 시계는 어디에 있습니까? / 책상 위에 있습니다.

_____

7) 공원 앞에 차가 있습니다.

_____

···▷ 정답은 다음 페이지에서 확인하세요.

▶ 정답을 확인하고, 정답 문장을 소리 내어 읽으며 복습해 보세요.

1) 공원은 어디입니까?

<ruby>公園<rt>こうえん</rt></ruby>は どこですか。

2) 저기입니다.

あそこです。

3) 김 씨는 어디에 있습니까?

キムさんは どこに いますか。

4) 교실 안에 있습니다.

<ruby>教室<rt>きょうしつ</rt></ruby>の <ruby>中<rt>なか</rt></ruby>に います。

5) 저, 실례합니다. 백화점은 어디입니까?

あの、すみません。デパートは どこですか。

6) 시계는 어디에 있습니까? / 책상 위에 있습니다.

<ruby>時計<rt>とけい</rt></ruby>は どこに ありますか。/ <ruby>机<rt>つくえ</rt></ruby>の <ruby>上<rt>うえ</rt></ruby>に あります。

7) 공원 앞에 차가 있습니다.

<ruby>公園<rt>こうえん</rt></ruby>の <ruby>前<rt>まえ</rt></ruby>に <ruby>車<rt>くるま</rt></ruby>が あります。

▶ Q&A 형식으로 다양한 표현을 익히고, 자유롭게 말하기 연습을 해 보세요.

1

Q: 公園は どこに ありますか。 공원은 어디에 있습니까?

A1: 学校の 前に あります。

A2: デパートの となりに あります。

A3: 駅の そばに あります。

2

Q: 山田さんは どこに いますか。 야마다 씨는 어디에 있습니까?

A1: 教室の 中に います。

A2: 今 会議中ですが…。

A3: 9時から 会議なので、今 会議室に います。

★ 区役所くやくしょ 구청 | 市役所しやくしょ 시청 | 図書館としょかん 도서관 | 映画館えいがかん 영화관 |

交番こうばん 파출소 | 後うしろ 뒤 | 右みぎ 오른쪽 | 左ひだり 왼쪽

가타카나 노트

1

アイス あいす 아이스, 얼음	アイス			

イギリス いぎりす 영국	イギリス			

エアコン えあこん 에어컨	エアコン			

クッキー くっきー 쿠키	クッキー			

クラス くらす 클래스	クラス			

クリスマス くりすます 크리스마스	クリスマス			

ケーキ けーき 케이크	ケーキ			

2

コーラ こーら 콜라	コーラ			

コンサート こんさーと 콘서트	コンサート			

コンビニ こんびに 편의점	コンビニ			

サイズ さいず 사이즈	サイズ			

サッカー さっかー 축구	サッカー			

サラダ さらだ 샐러드	サラダ			

スーパー すーぱー 슈퍼(마켓)	スーパー			

가타카나 노트

3

スキー すきー 스키	スキー			

ソース そーす 소스	ソース			

タイプ たいぷ 타입	タイプ			

タオル たおる 타월	タオル			

チーズケーキ ちーずけーき 치즈케이크	チーズケーキ			

チキン ちきん 치킨	チキン			

ツアー つあー 투어	ツアー			

4

テーブル てーぶる 테이블	テーブル			

デジカメ でじかめ 디지털카메라	デジカメ			

テニス てにす 테니스	テニス			

ドイツ どいつ 독일	ドイツ			

トイレ といれ 화장실	トイレ			

ハーモニカ はーもにか 하모니카	ハーモニカ			

ハンバーガー はんばーがー 햄버거	ハンバーガー			

5

ビル びる 빌딩	ビル			

フランス ふらんす 프랑스	フランス			

ヘア へあ 헤어, 머리카락	ヘア			

ベッド べっど 침대	ベッド			

ホームラン ほーむらん 홈런	ホームラン			

マイク まいく 마이크	マイク			

ミルク みるく 밀크, 우유	ミルク			

6

| メロン
めろん 멜론 | メロン | | | |

| ヨガ
よが 요가 | ヨガ | | | |

| ラジオ
らじお 라디오 | ラジオ | | | |

| リボン
りぼん 리본 | リボン | | | |

| レモン
れもん 레몬 | レモン | | | |

| ロープ
ろーぷ 로프 | ロープ | | | |

| ワルツ
わるつ 왈츠 | ワルツ | | | |

일본어뱅크

NEW

다이스키 일본어 STEP 1

스피치 트레이닝 워크북

● **한자 연습** | 한자의 읽기와 뜻을 써 보며 한자와 친해지기

● **한일 스피치 연습** | 포인트 문법을 활용한 말하기 연습과 정답

● **Q&A 스피치 연습** | 더욱 자연스러운 일본어 말하기를 위한 응용 연습

● **가타카나 노트** | 활용도가 높은 가타카나 쓰기 연습

동양북스 채널에서 더 많은 도서
더 많은 이야기를 만나보세요!

▶ 유튜브

인스타그램

블로그

포스트

f 페이스북

카카오뷰

외국어 출판 45년의 신뢰
외국어 전문 출판 그룹
동양북스가 만드는 책은 다릅니다.

45년의 쉼 없는 노력과 도전으로 책 만들기에 최선을 다해온
동양북스는 오늘도 미래의 가치에 투자하고 있습니다.
대한민국의 내일을 생각하는 도전 정신과 믿음으로 최선을 다하겠습니다.

동양북스

동양북스
가나 · 한자
쓰기노트

동양북스

가나·한자
쓰기노트

동양북스

히라가나 청음 清音 | '청음'은 맑은 소리란 뜻.

あ 아[a]	ー	十	あ	あ	あ	あ	あ

い 이[i]	い	い	い	い	い	い	い

う 우[u]	゛	う	う	う	う	う	う

え 에[e]	゛	え	え	え	え	え	え

お 오[o]	ー	お	お	お	お	お	お

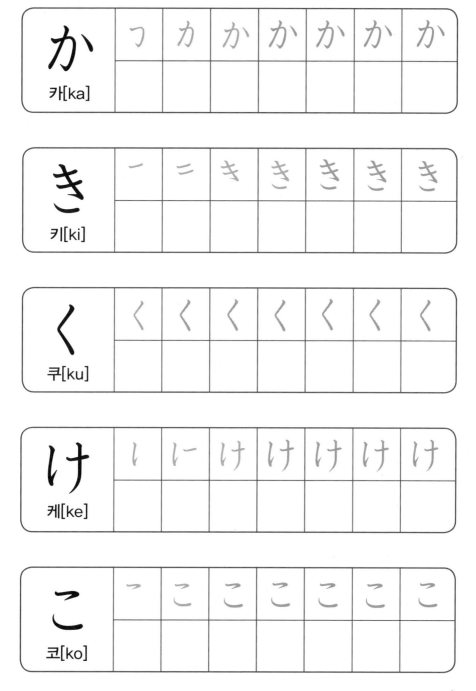

か
카[ka]

き
키[ki]

く
쿠[ku]

け
케[ke]

こ
코[ko]

|히라가나 청음^{清音}| '청음'은 맑은 소리란 뜻.

さ 사[sa]	一	さ	さ	さ	さ	さ	さ

し 시[shi]	し	し	し	し	し	し	し

す 스[su]	一	す	す	す	す	す	す

せ 세[se]	一	ナ	せ	せ	せ	せ	せ

そ 소[so]	そ	そ	そ	そ	そ	そ	そ

た 타[ta]	ー	ナ	た	た	た	た	た

ち 치[chi]	ー	ち	ち	ち	ち	ち	ち

つ 츠[tsu]	つ	つ	つ	つ	つ	つ	つ

て 테[te]	て	て	て	て	て	て	て

と 토[to]	＼	と	と	と	と	と	と

な	⁻	㇏	ゟ	な	な	な	な
나[na]							

に	㇑	に	に	に	に	に	に
니[ni]							

ぬ	㇏	ぬ	ぬ	ぬ	ぬ	ぬ	ぬ
누[nu]							

ね	㇑	ね	ね	ね	ね	ね	ね
네[ne]							

の	の	の	の	の	の	の	の
노[no]							

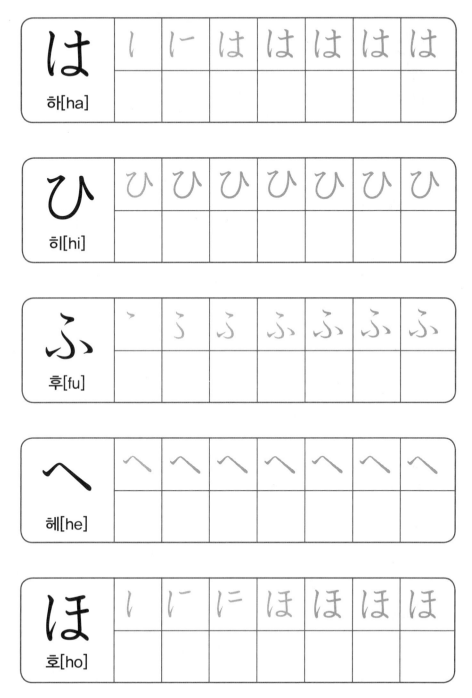

は 하[ha]

ひ 히[hi]

ふ 후[fu]

へ 헤[he]

ほ 호[ho]

7

|히라가나 청음淸音| '청음'은 맑은 소리란 뜻.

ま 마[ma]	一	二	ま	ま	ま	ま	ま

み 미[mi]	み	み	み	み	み	み	み

む 무[mu]	一	む	む	む	む	む	む

め 메[me]	`	め	め	め	め	め	め

も 모[mo]	し	も	も	も	も	も	も

8

や 야[ya]	つ	う	や	や	や	や	や

ゆ 유[yu]	い	ゆ	ゆ	ゆ	ゆ	ゆ	ゆ

よ 요[yo]	ˋ	よ	よ	よ	よ	よ	よ

쓰기 어려운 글자 연습

え 에	お 오	そ 소
な 나	ぬ 누	み 미

9

ら	`	ら	ら	ら	ら	ら	ら
라[ra]							

り	╵	り	り	り	り	り	り
리[ri]							

る	る	る	る	る	る	る	る
루[ru]							

れ	╵	れ	れ	れ	れ	れ	れ
레[re]							

ろ	ろ	ろ	ろ	ろ	ろ	ろ	ろ
로[ro]							

| わ | l | わ | わ | わ | わ | わ | わ |
| 와[wa] | | | | | | | |

| を | 一 | ナ | を | を | を | を | を |
| 오[o] | | | | | | | |

| ん | ん | ん | ん | ん | ん | ん | ん |
| 응[N] | | | | | | | |

쓰기 어려운 글자 연습

め	ひ	る
메	히	루
れ	わ	を
레	와	오

가타카나 청음清音 | '청음'은 맑은 소리란 뜻.

ア
아[a]

イ
이[i]

ウ
우[u]

エ
에[e]

オ
오[o]

カ カ[ka]	フ	カ	カ	カ	カ	カ	カ

キ 키[ki]	一	二	キ	キ	キ	キ	キ

ク 쿠[ku]	ノ	ク	ク	ク	ク	ク	ク

ケ 케[ke]	ノ	ケ	ケ	ケ	ケ	ケ	ケ

コ 코[ko]	フ	コ	コ	コ	コ	コ	コ

가타카나 청음淸音 | '청음'은 맑은 소리란 뜻.

サ 사[sa]	一	十	サ	サ	サ	サ	サ

シ 시[shi]	`	`	シ	シ	シ	シ	シ

ス 스[su]	フ	ス	ス	ス	ス	ス	ス

セ 세[se]	⁻	セ	セ	セ	セ	セ	セ

ソ 소[so]	`	ソ	ソ	ソ	ソ	ソ	ソ

タ
타[ta]

チ
치[chi]

ツ
츠[tsu]

テ
테[te]

ト
토[to]

|가타카나 청음清音| '청음'은 맑은 소리란 뜻.

ナ 나[na]	一	ナ	ナ	ナ	ナ	ナ	ナ

二 니[ni]	一	二	二	二	二	二	二

ヌ 누[nu]	フ	ヌ	ヌ	ヌ	ヌ	ヌ	ヌ

ネ 네[ne]	`	ヲ	ネ	ネ	ネ	ネ	ネ

ノ 노[no]	ノ	ノ	ノ	ノ	ノ	ノ	

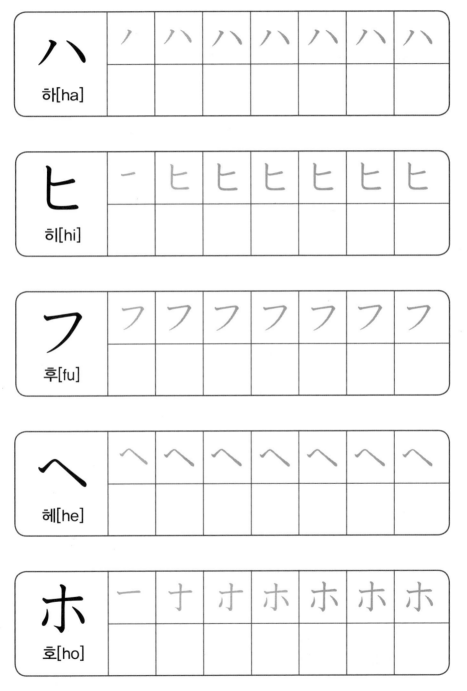

| ハ
하[ha] | ノ | ハ | ハ | ハ | ハ | ハ | ハ |
| | | | | | | | |

| ヒ
히[hi] | ー | ヒ | ヒ | ヒ | ヒ | ヒ | ヒ |
| | | | | | | | |

| フ
후[fu] | フ | フ | フ | フ | フ | フ | フ |
| | | | | | | | |

| ヘ
헤[he] | ヘ | ヘ | ヘ | ヘ | ヘ | ヘ | ヘ |
| | | | | | | | |

| ホ
호[ho] | 一 | ナ | オ | ホ | ホ | ホ | ホ |
| | | | | | | | |

|가타카나 청음清音| '청음'은 맑은 소리란 뜻.

マ	フ	マ	マ	マ	マ	マ	マ
마[ma]							

ミ	`	`	`	`	`	`	`
미[mi]							

ム	㇄	ム	ム	ム	ム	ム	ム
무[mu]							

メ	ノ	メ	メ	メ	メ	メ	メ
메[me]							

モ	一	二	モ	モ	モ	モ	モ
모[mo]							

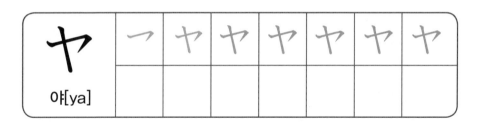

ヤ	ー	ーヤ	ヤ	ヤ	ヤ	ヤ	ヤ
야[ya]							

ユ	フ	ユ	ユ	ユ	ユ	ユ	ユ
유[yu]							

ヨ	フ	ヨ	ヨ	ヨ	ヨ	ヨ	ヨ
요[yo]							

헷갈리는 글자 똑바로 쓰기

シ	ツ		コ	ユ
시	츠		코	유
オ	ネ		ホ	モ
오	네		호	모

가타카나 청음清音 '청음'은 맑은 소리란 뜻.

ラ	﹣	ラ	ラ	ラ	ラ	ラ	ラ
라[ra]							

リ	﹜	リ	リ	リ	リ	リ	リ
리[ri]							

ル	ノ	ル	ル	ル	ル	ル	ル
루[ru]							

レ	レ	レ	レ	レ	レ	レ	レ
레[re]							

ロ	｜	ロ	ロ	ロ	ロ	ロ	ロ
로[ro]							

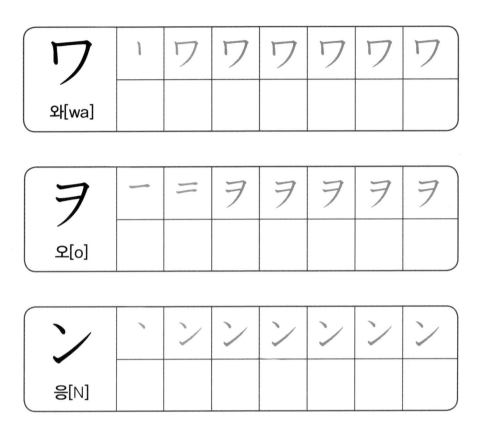

ワ	ヽ	ワ	ワ	ワ	ワ	ワ	ワ
와[wa]							

ヲ	ー	ニ	ヲ	ヲ	ヲ	ヲ	ヲ
오[o]							

ン	ヽ	ン	ン	ン	ン	ン	ン
응[N]							

헷갈리는 글자 똑바로 쓰기

ソ	ン	ラ	ヲ
소	응	라	오

が	つ	カ	か	が	が	が	が
가[ga]							

ぎ	ー	ニ	き	き	ぎ	ぎ	ぎ
기[gi]							

ぐ	く	ぐ	ぐ	ぐ	ぐ	ぐ	ぐ
구[gu]							

げ	い	に	け	げ	げ	げ	げ
게[ge]							

ご	っ	こ	ご	ご	ご	ご	ご
고[go]							

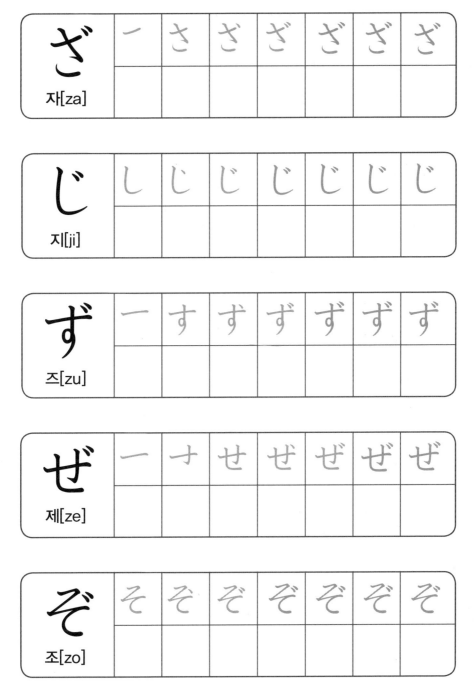

ざ
자[za]

じ
지[ji]

ず
즈[zu]

ぜ
제[ze]

ぞ
조[zo]

だ 다[da]	ー	ナ	た	た	だ	だ	だ	

ぢ 지[ji]	ー	ち	ち	ぢ	ぢ	ぢ	ぢ	

づ 즈[zu]	つ	づ	づ	づ	づ	づ	づ	

で 데[de]	て	て	で	で	で	で	で	

ど 도[do]	ヽ	と	ど	ど	ど	ど	ど	

ば	し	に	は	ば	ば	ば	ば
바[ba]							

び	ひ	び	び	び	び	び	び
비[bi]							

ぶ	`	ぅ	ふ	ふ	ぶ	ぶ	ぶ
부[bu]							

べ	へ	べ	べ	べ	べ	べ	べ
베[be]							

ぼ	し	に	に	ほ	ぼ	ぼ	ぼ
보[bo]							

25

ガ	フ	カ	ガ	ガ	ガ	ガ	ガ
가[ga]							

ギ	ー	ニ	キ	ギ	ギ	ギ	ギ
기[gi]							

グ	ノ	ク	グ	グ	グ	グ	グ
구[gu]							

ゲ	ノ	ケ	ケ	ゲ	ゲ	ゲ	ゲ
게[ge]							

ゴ	フ	コ	ゴ	ゴ	ゴ	ゴ	ゴ
고[go]							

ザ	一	十	サ	ザ	ザ	ザ	ザ
자[za]							

ジ	゛	゛	シ	シ	ジ	ジ	ジ
지[ji]							

ズ	フ	ス	ズ	ズ	ズ	ズ	ズ
즈[zu]							

ゼ	⁻	セ	ゼ	ゼ	ゼ	ゼ	ゼ
제[ze]							

ゾ	゛	ソ	ゾ	ゾ	ゾ	ゾ	ゾ
조[zo]							

가타카나 탁음濁音

「カ/サ/タ/ハ」행 글자 오른쪽 상단에 탁점 [゛] 표기.

ダ	ノ	ク	タ	タ	ダ	ダ	ダ
다[da]							

ヂ	′	二	チ	チ	ヂ	ヂ	ヂ
지[ji]							

ヅ	゛	゛	ツ	ツ	ヅ	ヅ	ヅ
즈[zu]							

デ	―	二	テ	テ	デ	デ	デ
데[de]							

ド	l	ト	ド	ド	ド	ド	ド
도[do]							

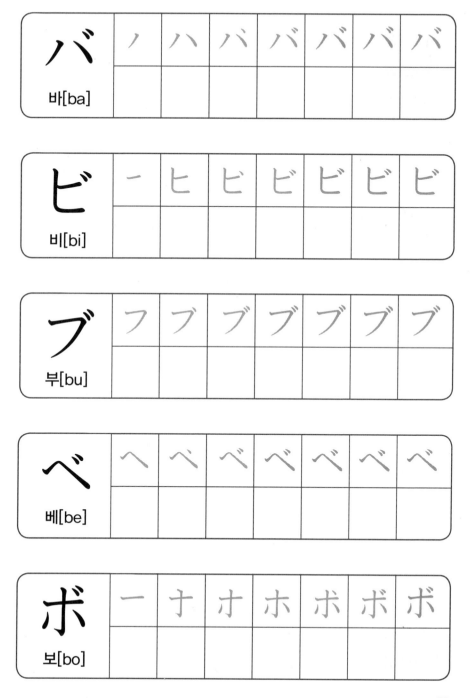

| バ
바[ba] | ノ | ハ | バ | バ | バ | バ | バ |
| | | | | | | | |

| ビ
비[bi] | ー | ヒ | ビ | ビ | ビ | ビ | ビ |
| | | | | | | | |

| ブ
부[bu] | フ | ブ | ブ | ブ | ブ | ブ | ブ |
| | | | | | | | |

| ベ
베[be] | ヘ | ベ | ベ | ベ | ベ | ベ | ベ |
| | | | | | | | |

| ボ
보[bo] | ー | ナ | オ | ホ | ボ | ボ | ボ |
| | | | | | | | |

ぱ
파[pa]

ｌ	ｌ-	は	ぱ	ぱ	ぱ	ぱ

ぴ
피[pi]

ひ	ぴ	ぴ	ぴ	ぴ	ぴ	ぴ

ぷ
푸[pu]

`	ふ	ふ	ふ	ぷ	ぷ	ぷ

ぺ
페[pe]

へ	ぺ	ぺ	ぺ	ぺ	ぺ	ぺ

ぽ
포[po]

ｌ	ｌ-	に	ぽ	ぽ	ぽ	ぽ

가타카나 반탁음^{半濁音} 「ハ」행에 상단에 반탁음 부호 [゜] 표기.

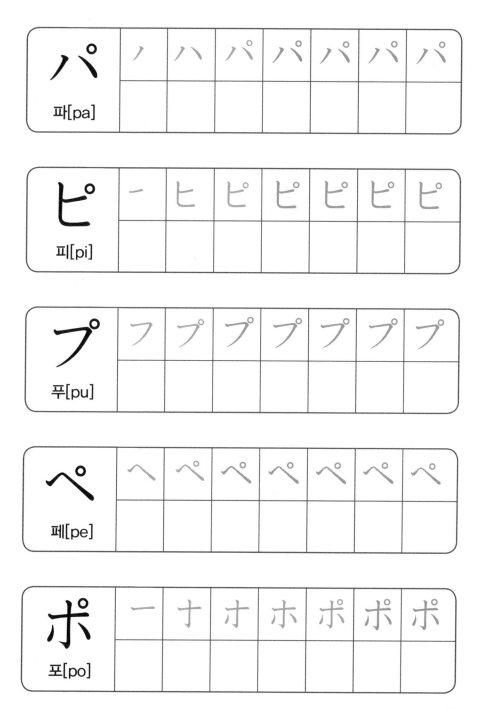

| パ | ノ | ハ | パ | パ | パ | パ | パ |
| 파[pa] | | | | | | | |

| ピ | ー | ヒ | ピ | ピ | ピ | ピ | ピ |
| 피[pi] | | | | | | | |

| プ | フ | プ | プ | プ | プ | プ | プ |
| 푸[pu] | | | | | | | |

| ペ | ヘ | ペ | ペ | ペ | ペ | ペ | ペ |
| 페[pe] | | | | | | | |

| ポ | ー | ナ | オ | ホ | ポ | ポ | ポ |
| 포[po] | | | | | | | |

|히라가나 요음拗音| 「い단」의 글자(いきしちにひみりぎじぢびぴ) 옆
에 「や, ゆ, よ」를 조그맣게 써서 표기합니다.

きゃ 캬[kya]	きゃ	きゅ 큐[kyu]	きゅ	きょ 쿄[kyo]	きょ

ぎゃ 갸[gya]	ぎゃ	ぎゅ 규[gyu]	ぎゅ	ぎょ 교[gyo]	ぎょ

しゃ 샤[sha]	しゃ	しゅ 슈[shu]	しゅ	しょ 쇼[sho]	しょ

じゃ	じゃ	じゅ	じゅ	じょ	じょ
쟈[ja]		쥬[ju]		죠[jo]	

ちゃ	ちゃ	ちゅ	ちゅ	ちょ	ちょ
챠[cha]		츄[chu]		쵸[cho]	

にゃ	にゃ	にゅ	にゅ	にょ	にょ
냐[nya]		뉴[nyu]		뇨[nyo]	

히라가나 요음^{拗音}

「い단」의 글자(いきしちにひみりぎじぢびぴ) 옆에 「や, ゆ, よ」를 조그맣게 써서 표기합니다.

ひゃ	ひゃ	ひゅ	ひゅ	ひょ	ひょ
햐[hya]		휴[hyu]		효[hyo]	

びゃ	びゃ	びゅ	びゅ	びょ	びょ
뱌[bya]		뷰[byu]		뵤[byo]	

ぴゃ	ぴゃ	ぴゅ	ぴゅ	ぴょ	ぴょ
퍄[pya]		퓨[pyu]		표[pyo]	

み や	み や	み ゆ	み ゆ	み よ	み よ
먀[mya]		뮤[myu]		묘[myo]	

り や	り や	り ゆ	り ゆ	り よ	り よ
랴[rya]		류[ryu]		료[ryo]	

가타카나 요음^{拗音}

「イ단」의 글자(イキシチニヒミリギジヂビピ) 옆에 「ヤ, ユ, ョ」를 조그맣게 써서 표기합니다.

キャ	キャ	キュ	キュ	キョ	キョ
캬[kya]		큐[kyu]		쿄[kyo]	

ギャ	ギャ	ギュ	ギュ	ギョ	ギョ
갸[gya]		규[gyu]		교[gyo]	

シャ	シャ	シュ	シュ	ショ	ショ
샤[sha]		슈[shu]		쇼[sho]	

ジャ	ジャ	ジュ	ジュ	ジョ	ジョ
쟈[ja]		쥬[ju]		쵸[jo]	

チャ	チャ	チュ	チュ	チョ	チョ
챠[cha]		츄[chu]		쵸[cho]	

ニャ	ニャ	ニュ	ニュ	ニョ	ニョ
냐[nya]		뉴[nyu]		뇨[nyo]	

가타카나 요음 拗音

「イ단」의 글자(イキシチニヒミリギジヂビピ) 옆에 「ヤ, ユ, ョ」를 조그맣게 써서 표기합니다.

ヒャ	ヒャ	ヒュ	ヒュ	ヒョ	ヒョ
햐[hya]		휴[hyu]		효[hyo]	

ビャ	ビャ	ビュ	ビュ	ビョ	ビョ
뱌[bya]		뷰[byu]		뵤[byo]	

ピャ	ピャ	ピュ	ピュ	ピョ	ピョ
퍄[pya]		퓨[pyu]		표[pyo]	

ミャ	ミャ	ミュ	ミュ	ミョ	ミョ
먀[mya]		뮤[myu]		묘[myo]	

リャ	リャ	リュ	リュ	リョ	リョ
랴[rya]		류[ryu]		료[ryo]	

한자쓰기

家								
집 가 家家家家家家家家家家								
歌								
노래 가 歌歌歌歌歌歌歌歌歌歌歌歌歌歌								
強								
강할 강 強強強強強強強強強強強								
開								
열 개 開開開開開開開開開開開開								
去								
갈 거 去去去去去								
建								
세울 건 建建建建建建建建建								
犬								
개 견 犬犬犬犬								
京								
서울 경 京京京京京京京京								
計								
셀 계 計計計計計計計計計								
界								
지경 계 界界界界界界界界界								
古								
옛 고 古古古古古								

考								
생각할 고 考 考 考 考 考 考								
工								
장인 공 工 工 工								
空								
빌 공 空 空 空 空 空 空 空 空								
館								
집 관 館 館 館 館 館 館 館 館 館 館 館 館 館 館 館 館								
広								
넓을 광 広 広 広 広 広								
教								
가르칠 교 教 教 教 教 教 教 教 教 教 教 教								
口								
입 구 口 口 口								
究								
궁구할 구 究 究 究 究 究 究 究								
帰								
돌아올 귀 帰 帰 帰 帰 帰 帰 帰 帰 帰 帰								
近								
가까울 근 近 近 近 近 近 近 近 近								
急								
급할 급 急 急 急 急 急 急 急 急 急								

起								
일어날 기　起起起起起起起起起起								
多								
많을 다　多多多多多多								
茶								
차 다(차)　茶茶茶茶茶茶茶茶茶								
答								
대답할 답　答答答答答答答答答答答答								
堂								
집 당　堂堂堂堂堂堂堂堂堂堂堂								
代								
대신할 대　代代代代代								
台								
돈대 대　台台台台台								
待								
기다릴 대　待待待待待待待待待								
貸								
빌릴 대　貸貸貸貸貸貸貸貸貸貸貸貸								
図								
그림 도　図図図図図図図								
度								
법도 도　度度度度度度度度度								

44

道									
길 도	道道道道道道道道道道道道								
冬									
겨울 동	⺈夂夂冬冬								
同									
한가지 동	丨冂冂同同同								
動									
움직일 동	丿二千千台台台重重重動動								
旅									
나그네 려	旅旅亠方方扩扩扩旅旅旅								
力									
힘 력	丿力								
料									
헤아릴 료	料料料料料料料料料料料								
理									
다스릴 리	理理理理理理理理理理理								
立									
설 립	亠亠亠立立								
売									
팔 매	売売売売売売売								
妹									
손아래누이 매	妹妹妹妹妹妹妹妹								

買								
살 매	買買買買買買買買買買買							

勉								
힘쓸 면	勉勉勉勉勉勉勉勉勉勉							

明								
밝을 명	明明明明明明明明							

目								
눈 목	目目目目目							

文								
글월 문	文文文文							

問								
물을 문	問問問問問門門門問問問							

味								
맛 미	味味味味味味味味							

飯								
밥 반	飯飯飯飯飯飯飯飯飯飯飯飯							

発								
필 발	発発発発発発発発発							

方								
모 방	方方方方							

別								
다를 별	別別別別別別別							

病								
병 병　病病病病病病病病病								
步								
걸을 보　步步步步步步步步								
服								
옷 복　服服服服服服服服								
不								
아니 불　不不不不								
写								
베낄 사　写写写写写								
仕								
벼슬 사　仕仕仕仕仕								
死								
죽을 사　死死死死死死								
社								
단체 사　社社社社社社社								
私								
사사 사　私私私私私私私								
事								
일 사　事事事事事事事事								
使								
부릴 사　使使使使使使使使								

思									
생각 사　思思思思思思思思思									
色									
빛 색　色色色色色色									
夕									
저녁 석　ノクタ									
世									
세상 세　一十丗世世									
少									
적을 소　ノ小小少									
送									
보낼 송　送送送送送送送送送									
習									
익힐 습　習習習習習習習習習習									
始									
비로소 시　始始始始始始始始									
試									
시험할 시　試試試試試試試試試試試試試									
新									
새로울 신　新新新新新新新新新新新新新									
室									
방 실　室室室室室室室室室									

心									
마음 심　心 心 心 心									

悪									
나쁠 악　悪 悪 悪 悪 悪 悪 悪 悪 悪 悪									

楽									
풍류 악　楽 楽 楽 楽 楽 楽 楽 楽 楽 楽 楽 楽									

安									
편안할 안　安 安 安 安 安 安									

野									
들 야　野 野 野 野 野 野 野 野 野 野 野									

洋									
바다 양　洋 洋 洋 洋 洋 洋 洋 洋 洋									

魚									
물고기 어　魚 魚 魚 魚 魚 魚 魚 魚 魚 魚 魚									

言									
말씀 언　言 言 言 言 言 言 言									

業									
업 업　業 業 業 業 業 業 業 業 業 業									

駅									
역참 역　駅 駅 駅 駅 駅 駅 駅 駅 駅 駅 駅 駅 駅									

研									
갈 연　研 研 研 研 研 研 研 研									

英								
꽃부리 영　英 英 英 英 英 英 英 英								

映								
비칠 영　映 映 映 映 映 映 映 映 映								

屋								
집 옥　屋 屋 屋 屋 屋 屋 屋 屋 屋								

曜								
빛날 요　曜 曜 曜 曜 曜 曜 曜 曜 曜 曜 曜 曜 曜 曜 曜 曜 曜 曜								

用								
쓸 용　用 用 用 用 用								

牛								
소 우　牛 牛 牛 牛								

運								
돌 운　運 運 運 運 運 運 運 運 運 運 運 運								

元								
으뜸 원　元 元 元 元								

院								
집 원　院 院 院 院 院 院 院 院 院 院								

有								
있을 유　有 有 有 有 有 有								

肉								
고기 육　肉 肉 肉 肉 肉 肉								

銀								
은은 銀銀銀銀銀銀銀銀銀銀銀銀銀								
飲								
마실 음 人人人今今今食食食飤飲飲飲								
医								
의원 의 医医医医医医医								
意								
뜻 의 意意意立立产音音音音意意意								
以								
써 이 以以以以以								
字								
글자 자 字字字字宁字								
自								
스스로 자 自自自自自自								
姉								
손위누이 자 姉姉姉姉姉姉姉姉								
者								
놈 자 者者者者者者者者								
作								
지을 작 作作作作作作作								
場								
마당 장 場場場場坍坍坍坍場場場場								

赤									
붉을 적　赤赤赤赤赤赤赤									
田									
밭 전　田田田田田									
転									
구를 전　転転転転転転転転転転									
店									
가게 점　店店店店店店店店									
正									
바를 정　正正正正正									
町									
밭두둑 정　町町町町町町町									
弟									
아우 제　弟弟弟弟弟弟弟									
題									
제목 제　題題題題題題題題題題題題題題題題題題									
早									
이를 조　早早早早早早									
朝									
아침 조　朝朝朝朝朝朝朝朝朝朝朝朝									
鳥									
새 조　鳥鳥鳥鳥鳥鳥鳥鳥鳥鳥鳥									

足								
발족 足足足足足足足								
族								
겨레 족 族族族族族族族族族族族								
終								
마칠 종 終終終終終終終終終終								
主								
주인 주 主主主主主								
注								
물댈 주 注注注注注注注注								
走								
달릴 주 走走走走走走走								
住								
살 주 住住住住住住住								
週								
돌 주 週週週週週週週週週週週								
晝								
낮 주 晝晝晝晝晝晝晝晝晝								
重								
무거울 중 重重重重重重重重重								
止								
그칠 지 止止止止								

地									地
땅 지	地地地地地地								
知									
알 지	知知知知知知知知								
持									
가질 지	持持持持持持持持持								
紙									
종이 지	紙紙紙紙紙紙紙紙紙紙								
真									
참 진	真真真真真真真真真真								
質									
바탕 질	質質質質質質質質質質質質								
集									
모일 집	集集集集集集集集集集集集								
借									
빌릴 차	借借借借借借借借借借								
着									
붙을 착	着着着着着着着着着着着着								
青									
푸를 청	青青青青青青青青								
体									
몸 체	体体体体体体体								

54

秋								
가을 추 　禾 禾 千 禾 禾 禾 秋 秋								
春								
봄 춘 　春 二 三 夫 夫 未 春 春 春								
親								
친할 친 　親 親 親 親 親 親 親 親 親 親 親 親 親 親 親								
通								
통할 통 　通 通 通 通 通 通 通 通 通 通								
特								
유다를 특 　牛 牛 牛 牛 牛 特 特 特 特								
品								
물건 품 　品 品 品 品 品 品 品 品 品								
風								
바람 풍 　丿 几 凡 凤 凤 凤 風 風 風								
夏								
여름 하 　夏 夏 夏 丆 丙 百 百 頁 夏 夏								
漢								
한나라 한 　漢 漢 漢 漢 漢 漢 漢 漢 漢 漢 漢 漢								
海								
바다 해 　海 海 海 海 海 海 海 海 海								
驗								
시험할 험 　驗 驗 驗 驗 驗 驗 驗 驗 驗 驗 驗 驗 驗 驗								

兄							
형형 兄兄兄兄兄							
花							
꽃화 花花花花花花花							
画							
그림화 画画画画画画画画							
会							
모을회 会会会会会会							
黒							
검을흑 黒黒黒黒黒黒黒黒黒黒黒							